KLASSIKER
DR. OETKER
VERLAG
SEIT 1891

BECHER- & TASSENKUCHEN

DIE DR. OETKER GELING-GARANTIE

UNSER VERSPRECHEN

Liebe Leser*innen,

mit den Rezepten in unseren Koch- und Backbüchern möchten wir Sie und Ihre Lieben glücklich machen. Zum Glück braucht es den Erfolg, und den kaufen Sie mit jedem Dr. Oetker Buch gleich mit.

Dafür gibt es die Dr. Oetker Geling-Garantie.
Sie ist unser Versprechen, dass alle Rezepte aus diesem Buch ganz einfach und sicher gelingen. Die Geling-Garantie startet schon bei der Zutatenliste: Alle Zutaten, die wir verwenden, sollten Sie leicht in Ihrem Supermarkt vor Ort einkaufen können. Jeder Zubereitungs-Schritt ist klar und einfach nachvollziehbar.

Eine Garantie können wir Ihnen aber auch deshalb mit gutem Gewissen geben, weil alle Rezepte dieses Buches von unserem erfahrenen Team entwickelt wurden. Anschließend haben wir jedes Gericht in einer ganz normalen Küche nachgekocht oder nachgebacken. Immer wieder. So lange, bis wir uns sicher waren, dass es gelingt. Und zwar auch bei Ihnen zu Hause.

Was wir versprechen, halten wir auch. Sollte beim Kochen oder Backen eines unserer Rezepte dennoch etwas danebengehen oder es Ihnen einfach nicht schmecken, dann lassen Sie es uns wissen. Schreiben Sie oder rufen Sie uns an! Wir werden das Rezept nochmals kritisch prüfen und Ihnen helfen herauszufinden, woran es gelegen haben könnte. Sie erreichen uns unter der Telefonnummer +49(0)89/5482515-0.
Oder schreiben Sie uns eine E-Mail unter:
redaktion-oetker@edel.com

Natürlich freuen wir uns aber auch über weitere Rückmeldungen und auch über Lob. Ihre Ideen, Kommentare und Fragen können Sie jederzeit auch über Facebook posten:
www.facebook.com/Dr.OetkerVerlag.
Wir sind für Sie da. Garantiert.

Mit herzlichen Grüßen
Ihre Dr. Oetker Redaktion

INHALT

BECHER- UND TASSENKUCHEN

Wer kennt das nicht: Spontan hat sich Besuch angekündigt oder Sie sind bei Freunden eingeladen und möchten noch gern „eben schnell" einen Kuchen backen. Mit diesen Rezepten bereiten Sie in kürzester Zeit den Teig vor, dann geht's ab in den Ofen und schon haben Sie einen köstlichen Kuchen gezaubert.
Unglaublich einfach ist die Zubereitung dieser Tassen- und Becherkuchen. Ob Sie die Tasse oder den Becher aus dem Küchenschrank verwenden oder den Sahne- oder Quarkbecher als Maß benutzen, Sie können Ihre Waage getrost im Schrank lassen. Die Rezepte sind so simpel, dass selbst Backanfänger gut mit ihnen zurechtkommen.

Bei Becher- und Tassenkuchen brauchen Sie keine Waage, um die Zutaten abzumessen. Flüssige und pulverige Zutaten werden mit einer Tasse oder einem Backer (z. B. einem Sahne- oder Joghurtbecher) abgemessen.
Wir haben den Inhalt der jeweiligen Gefäße angegeben, z. B. 150 ml für eine Tasse oder einen Joghurtbecher oder 200 ml für einen Sahnebecher. So können Sie auch ein anderes Gefäß verwenden, das das gleiche Volumen hat. Damit Ihr Kuchen auch gelingt, ist es wichtig, den Inhalt Ihrer Tasse vor der Zubereitung nachzumessen.
Bei den übrigen Zutaten wird jeweils ein ganzes oder halbes Päckchen verwendet, z. B. ein halbes Stück Butter. Und für die Vorsichtigen, die sich noch nicht von Ihrer Waage trennen wollen, haben wir alles auch noch nachgewogen. Aber spätestens beim zweiten Mal werden Sie sich auf Ihr neues Maß verlassen.
Alle Rezepte sind wie gewohnt leicht nachvollziehbar beschrieben, ausgiebig getestet und machen schon bei der Zubereitung Spaß.

Damit es rund ums Backen nur schöne Erfahrungen gibt, sollten Sie einige wenige, doch wichtige Dinge beachten:

ALLGEMEINE HINWEISE

Lesen Sie vor der Zubereitung – besser noch vor dem Einkauf – das Rezept einmal vollständig durch. So werden Arbeitsabläufe und -zusammenhänge verständlicher. Anschließend können Sie den Einkaufszettel schreiben. Viele Zutaten sind wahrscheinlich ohnehin in Ihrer Küche vorhanden. Bevor es losgeht, legen Sie sich alles, was Sie brauchen, bereit. So müssen Sie nicht während des Backens nach einzelnen Zutaten oder Werkzeugen suchen. Noch einfacher wird es, wenn Sie alle Zutaten schon fertig abwiegen.

ARBEITSZEITEN

Bei den angegebenen Zeiten handelt es sich um Anhaltswerte. Es kann, je nach Erfahrung, manchmal etwas schneller gehen oder auch mal ein wenig länger dauern.
Eine genauere Angabe der Kühl- und Abkühlzeiten ist nicht möglich, da sie u.a. von äußeren Umständen abhängen, die wir nicht kennen (z.B. Umgebungsperatur).

HINWEISE ZU DEN NÄHRWERTEN

Bei den Nährwertangaben in den Rezepten handelt es sich um auf- bzw. abgerundete ganze Werte. Aufgrund von ständigen Rohstoffschwankungen und/oder Rezepturveränderungen bei Lebensmitteln kann es zu Abweichungen kommen. Die Nährwertangaben dienen daher lediglich Ihrer Orientierung und eignen sich nur bedingt für die Berechnung eines Diätplans.

ABKÜRZUNGEN & MENGENANGABEN

EL	Esslöffel
TL	Teelöffel
Msp.	Messerspitze
Pck.	Packung/Päckchen
g	Gramm
kg	Kilogramm
ml	Milliliter
l	Liter
evtl.	eventuell
geh.	gehäuft
gestr.	gestrichen
gem.	gemahlen
ger.	gerieben
TK	Tiefkühlprodukt
°C	Grad Celsius

Kalorien-/Nährwertangaben

E	Eiweiß
F	Fett
Kh	Kohlenhydrate
kcal	Kilokalorie

☕	Tassenkuchen
🥤	Becherkuchen

BACKOFENEINSTELLUNG, BACK- & GARZEITEN

Die in den Rezepten angegebenen Backofentemperaturen, Back- und Garzeiten sind Richtwerte, die je nach individueller Hitzeleistung des Backofens über- oder unterschritten werden können. Unsere Angaben beziehen sich auf Elektrobacköfen. Die Möglichkeiten der Temperatureinstellung für Gasbacköfen variieren je nach Hersteller, sodass wir keine allgemeingültigen Angaben machen können. Bitte beachten Sie deshalb bei der Einstellung des Backofens die Gebrauchsanleitung des Herstellers.

EINSCHUBHÖHE

In den Rezepten in diesem Buch ist die Einschubhöhe immer dann die Mitte des Backofens, wenn nichts anderes angegeben ist.

Nun kann es losgehen. Zaubern Sie mit nur wenigen Zutaten und Handgriffen die besten Backkreationen.

BLECH-KUCHEN

APFEL-APRIKOSEN-TASSENKUCHEN

ZUBEREITUNGSZEIT:
50 Minuten, ohne Kühlzeit

BACKZEIT:
etwa 35 Minuten

ZUTATEN FÜR 20 STÜCKE (1 TASSE = 150 ML)

FÜR DEN SCHÜTTELTEIG:
3 Tassen (je 110 g) Weizenmehl
3 gestr. TL Backpulver
1 Tasse (150 g) Zucker
4 Eier (Größe M)
1 Pck. ger. Zitronenschale
1 Tasse (150 ml) Apfelsaft
1 Tasse (150 ml) Speiseöl, z. B. Rapsöl

FÜR DIE FÜLLUNG:
1 ⅓ Tassen (200 ml) Apfelschorle oder Apfelsaft
2 Pck. Gelatinefix
1 TL Zucker
1 Glas Apfel-Aprikosen-Dessert (Einwaage 710 g)

FÜR DEN BELAG:
1 Pck. Quarkfein Vanille-Geschmack (Dessertpulver)
200 g Schlagsahne (mind. 30 % Fett)
250 g Magerquark

ZUM BESTREUEN:
25 g gebräunte Kokosraspel

PRO STÜCK:
E: 5 g, F: 13 g, Kh: 33 g, kcal: 280

1. Den Backofen vorheizen.
Ober-/Unterhitze: etwa 180 °C
Heißluft: etwa 160 °C

2. Für den Teig Mehl mit Backpulver mischen, in eine verschließbare Schüssel (etwa 3 l) sieben und mit Zucker vermengen. Eier, Zitronenschale, Apfelsaft und Speiseöl hinzufügen. Die Schüssel mit dem Deckel fest verschließen.

3. Schüssel mehrmals kräftig schütteln (insgesamt 15–30 Sekunden), sodass alle Zutaten gut vermischt sind. Alles mit einem Schneebesen oder Rührlöffel nochmals sorgfältig durchrühren, damit trockene Zutaten vom Rand mit untergerührt werden.

4. Den Teig auf ein Backblech (30 x 40 cm, gefettet, bemehlt) geben und glatt streichen. Das Backblech in den vorgeheizten Backofen schieben und **etwa 25 Minuten backen.**

5. Das Backblech auf einen Kuchenrost stellen und den Kuchen erkalten lassen.

6. Für die Füllung Apfelschorle oder Apfelsaft mit Gelatinefix und Zucker nach Packungsanleitung zubereiten. Apfel-Aprikosen-Dessert sofort unterrühren. Die Fruchtmasse auf dem Kuchen verteilen. Kuchen etwa 1 Stunde kalt stellen.

7. Für den Belag Quarkfein mit Sahne und Quark nach Packungsanleitung zubereiten. Apfel-Aprikosen-Kuchen in Stücke schneiden und jeweils mit einem Teelöffel kleine Häufchen von der Quarkmasse auf die Kuchenstücke geben. Kuchenstücke mit Kokosraspeln bestreuen und etwa 30 Minuten kalt stellen.

TIPPS:
Vor dem Auftragen des Gusses einen Backrahmen um den Boden stellen.
Den Kuchen am besten über Nacht in den Kühlschrank stellen und fest werden lassen.

APFELKUCHEN MIT KROKANT

ZUBEREITUNGSZEIT:
50 Minuten, ohne Abkühlzeit

TEIGGEH-/RUHEZEIT:
etwa 15 Minuten

BACKZEIT:
etwa 30 Minuten

ZUTATEN FÜR 20 STÜCKE (1 TASSE = 150 ML)

FÜR DEN KROKANT:
⅔ Tasse (100 g) Zucker
1 Pck. (100 g) gestiftelte Mandeln

FÜR DEN HEFETEIG:
3 ¾ Tassen (375 g) Weizenmehl (Type 550)
1 Pck. Hefeteig Garant
½ Tasse (75 g) Zucker
1 Prise Salz
1 Ei (Größe M)
knapp ½ Pck. (100 g) Butter oder Margarine (zimmerwarm)
1 ⅔ Tassen (250 ml) Milch (3,5 % Fett)

FÜR DEN BELAG:
1 Pck. Pudding-Pulver Mandel-Geschmack
3–4 EL Zucker
1 ⅔ Tassen (250 ml) Milch (3,5 % Fett)
1 Becher (250 g) Schlagsahne
6–7 (750 g) Äpfel

PRO STÜCK:
E: 4 g, F: 12 g, Kh: 31 g, kcal: 258

1. Für den Krokant Zucker in einem kleinen Topf bei schwacher Hitze unter Rühren karamellisieren lassen. Gestiftelte Mandeln unterrühren. Den Mandelkrokant auf ein Stück Backpapier geben und erkalten lassen.

2. Für den Teig Mehl und Hefeteig Garant in einer Rührschüssel mischen. Zucker, Salz, Ei, Butter oder Margarine und Milch hinzufügen. Die Zutaten mit einem Mixer (Knethaken) zunächst kurz auf niedrigster, dann auf höchster Stufe in etwa 1 Minute zu einem glatten Teig verarbeiten.

3. Den Teig aus der Schüssel nehmen, leicht mit Mehl bestäuben und auf einem Backblech (30 x 40 cm, gefettet) ausrollen. Evtl. einen Backrahmen um den Teig stellen.

4. Äpfel schälen, vierteln und die Kerngehäuse entfernen. Apfelviertel längs in Spalten schneiden. Apfelspalten dachziegelartig auf dem Teig verteilen. Den Teig etwa 15 Minuten ruhen lassen.

5. Für den Belag aus Pudding-Pulver, Zucker, Milch und Sahne einen Pudding nach Packungsanleitung zubereiten. Die Puddingmasse auf den Apfelspalten verteilen und glatt streichen.

6. Den Backofen vorheizen.
Ober-/Unterhitze: etwa 180 °C
Heißluft: etwa 160 °C

7. Krokant in Stücke brechen oder hacken und auf den Belag streuen. Das Backblech in den vorgeheizten Backofen schieben. Den Apfelkuchen **etwa 30 Minuten backen.**

8. Das Backblech auf einen Kuchenrost stellen. Den Kuchen erkalten lassen.

BANANEN-SCHOKO-SCHNITTEN

ZUBEREITUNGSZEIT:
35 Minuten, ohne Abkühlzeit

BACKZEIT:
etwa 35 Minuten

ZUTATEN FÜR 12 STÜCKE (1 TASSE = 100 ML)

FÜR DEN SCHÜTTELTEIG:
- 3 mittelgroße reife Bananen
- ½ Pck. (125 g) Butter oder Margarine
- 1 Tafel (100 g) Zartbitter-Schokolade (etwa 50 % Kakaoanteil)
- 3 Tassen (je 100 g) Weizenmehl
- 3 gestr. TL Backpulver
- 1 Tasse (150 g) Zucker
- 1 Prise Salz
- 4 Eier (Größe M)
- 1 Tasse (100 ml) Milch (3,5 % Fett)
- 1 Tasse (75 g) gehackte Walnusskerne

ZUM BESTÄUBEN:
1 EL Kakaopulver

ZUM GARNIEREN:
Bananenchips
Walnusskernhälften

PRO STÜCK:
E: 7 g, F: 15 g, Kh: 55 g, kcal: 397

1. Den Backofen vorheizen.
Ober/Unterhitze: etwa 180 °C
Heißluft: etwa 160 °C

2. Für den Teig Bananen mit einer Gabel fein zerdrücken. Butter oder Margarine zerlassen und abkühlen lassen. Schokolade hacken. Mehl mit Backpulver in einer verschließbaren Schüssel (3-Liter-Inhalt) mischen. Zucker, Salz, Eier, Bananenmus, Butter oder Margarine und Milch hinzufügen. Die Schüssel mit dem Deckel fest verschließen.

3. Schüssel mehrmals (insgesamt 15–30 Sekunden) kräftig schütteln, sodass alle Zutaten gut vermischt sind. Schokoladenstücke und Walnusskerne hinzugeben. Alles mit einem Schneebesen oder Rührlöffel nochmals sorgfältig durchrühren, damit trockene Zutaten vom Rand und Deckel mit untergerührt werden.

4. Einen Backrahmen in der Größe von 18 x 30 cm auf ein Backblech (30 x 40 cm, gefettet) stellen. Den Teig in den Backrahmen geben und glatt streichen. Das Backblech in den vorgeheizten Backofen schieben. Den Kuchen **etwa 35 Minuten backen.**

5. Das Backblech auf einen Kuchenrost stellen. Den Kuchen darauf erkalten lassen. Anschließend Backrahmen lösen und entfernen.

6. Den Kuchen in 12 Stücke schneiden und mit Kakao bestäuben. Bananen in Scheiben schneiden. Den Kuchen mit den Bananenscheiben und Walnusskernhälften garnieren und sofort servieren.

TIPPS:
Der Kuchen kann auch in einer Springform (Ø 26 cm, Boden gefettet) zubereitet werden.
Sie können die Schnitten einfrieren. Dann die Schnitten erst nach dem Auftauen mit Kakao bestäuben und mit Bananenscheiben garnieren.
Wenn Sie ein ganzes Backblech zubereiten möchten, müssen Sie die 1 ½-fache Teigmenge zubereiten.
Die Schnitten vor dem Garnieren mit 50 g geschmolzener Schokolade besprenkeln.

BECHERKUCHEN FLORENTINER ART

ZUBEREITUNGSZEIT:
35 Minuten, ohne Abkühlzeit

BACKZEIT:
etwa 20 Minuten

ZUTATEN FÜR 20 STÜCKE

ZUM VORBEREITEN:
1 Becher (200 g) Schlagsahne (mind. 30 % Fett)

FÜR DEN BELAG:
½ Pck. (125 g) Butter
½ Becher (100 g) Zucker
2 Pck. (je 200 g) gehobelte Mandeln

FÜR DEN ALL-IN-TEIG:
2 Becher (je 150 g) Weizenmehl (Type 405)
3 gestr. TL Backpulver
1 Becher (200 g) Zucker
1 Pck. Vanillin-Zucker
1 Röhrchen Butter-Vanille-Aroma
4 Eier (Größe M)

ZUM VERZIEREN:
50 g Edelbitter-Schokolade (etwa 60 % Kakaobestandteil)
½ TL Speiseöl, z. B. Sonnenblumenöl

PRO STÜCK:
E: 7 g, F: 22 g, Kh: 28 g, kcal: 336

1. Zum Vorbereiten Sahne in eine Rührschüssel gießen. Becher auswaschen, abtrocknen und zum Abmessen der Zutaten verwenden.

2. Für den Belag Butter und Zucker (im Becher abgemessen) in einem kleinen Topf bei mittlerer Hitze schmelzen lassen. Mandeln unterrühren und einmal aufkochen lassen. Die Mandelmasse etwas abkühlen lassen.

3. Den Backofen vorheizen.
Ober-/Unterhitze: etwa 200 °C
Heißluft: etwa 180 °C

4. Für den Teig Mehl mit Backpulver mischen, in die Rührschüssel mit der Sahne geben und mit einem Schneebesen vorsichtig an der Oberfläche verrühren. Zucker, Vanillin-Zucker, Aroma und Eier dazugeben. Die Zutaten mit dem Schneebesen gut verrühren, bis ein glatter Teig entstanden ist.

5. Den Teig auf ein Backblech (30 x 40 cm, mit Backpapier belegt) geben und glatt streichen. Die Mandelmasse mit Esslöffel und Gabel vorsichtig auf dem Teig verteilen.

6. Das Backblech auf mittlerer Einschubleiste in den vorgeheizten Backofen schieben. Den Kuchen **etwa 20 Minuten backen.**

7. Das Backblech auf einen Kuchenrost stellen. Den Kuchen etwa 30 Minuten erkalten lassen.

8. Zum Verzieren Schokolade in kleine Stücke brechen und mit Öl im Wasserbad unter Rühren schmelzen lassen. Dafür die Schokoladenstücke mit dem Öl in eine Edelstahlschüssel geben. Einen kleinen Topf zu einem Drittel mit Wasser füllen, die Schüssel in das Wasserbad setzen. Das Ganze bei schwacher Hitze erwärmen, bis die Schokolade geschmolzen ist.

9. Die Schokolade in einen kleinen Gefrierbeutel füllen. Den Beutel verschließen und eine kleine Ecke abschneiden. Schokolade auf den Kuchen sprenkeln.

REZEPTVARIANTE:
Für einen **Schoko-Becher-Kuchen mit Cranberries** für den Belag 3 Esslöffel Apfelsaft in einem kleinen Topf bei schwacher Hitze erwärmen. ½ Pck. (100 g) getrocknete Cranberries unterrühren. Den Topf von der Kochstelle nehmen. Cranberries 30 Minuten erkalten lassen. Den All-in-Teig wie im Basisrezept beschrieben zubereiten, auf das vorbereitete Backblech geben und glatt streichen. Cranberries darauf verteilen. 100 g Zartbitter-Raspelschokolade mit 100 g gehackten Mandeln und 3 Esslöffeln braunem Zucker mischen und auf den Teig streuen. Den Kuchen wie beschrieben im vorgeheizten Backofen etwa 20 Minuten backen.

BIRNEN-HEFEKUCHEN MIT PISTAZIENGUSS

ZUBEREITUNGSZEIT:
60 Minuten

TEIGGEH-/RUHEZEIT:
etwa 55 Minuten

BACKZEIT:
etwa 35 Minuten

ZUTATEN FÜR 20 STÜCKE

ZUM VORBEREITEN:
1 Becher (250 g) Schmand

FÜR DEN TEIG:
3 Becher (480 g) Weizenmehl
1 Pck. Trockenbackhefe
1 Prise Salz
½ Becher (110 g) Zucker
abger. Schale von ½ Bio-Zitrone (unbehandelt, ungewachst)
1 Ei (Größe M)
1 Becher (250 ml) Milch (3,5 % Fett)
¼ Pck. (65 g) zerlassene abgekühlte Butter oder Margarine

FÜR DEN BELAG:
8 reife Birnen (etwa 1,2 kg)
Saft von 1 Zitrone

FÜR DEN GUSS:
2 Pck. (50 g) gehackte Pistazienkerne
3 Eier (Größe M)
4 EL Zucker

PRO STÜCK:
E. 6 g, F: 9 g, Kh: 32 g, kcal: 243

1. Zum Vorbereiten Schmand in eine Schüssel geben und zugedeckt in den Kühlschrank stellen. Den Schmandbecher auswaschen, abtrocknen und anschließend zum Abmessen verwenden.

2. Für den Teig Mehl in einer Rührschüssel sorgfältig mit der Trockenbackhefe vermischen. Salz, Zucker, Zitronenschale, Ei, Milch und Butter oder Margarine hinzufügen. Die Zutaten mit dem Mixer (Knethaken) zunächst kurz auf niedrigster, dann auf höchster Stufe in etwa 5 Minuten zu einem glatten Teig verarbeiten. Den Teig zugedeckt so lange an einem warmen Ort gehen lassen, bis er sich sichtbar vergrößert hat, etwa 30 Minuten.

3. Für den Belag Birnen schälen, vierteln, entkernen und in Spalten schneiden. Mit Zitronensaft beträufeln.

4. Den gegangenen Teig leicht mit Mehl bestäuben, aus der Schüssel nehmen und auf einer bemehlten Arbeitsfläche nochmals kurz durchkneten. Den Teig in einer Fettpfanne (30 x 40 cm, gefettet) ausrollen, dabei einen kleinen Rand hochziehen. Die Birnenspalten auf dem Teig verteilen und zugedeckt nochmals so lange an einem warmen Ort gehen lassen, bis er sich sichtbar vergrößert hat, etwa 25 Minuten.

5. Den Backofen vorheizen.
Ober-/Unterhitze: etwa 200 °C
Heißluft: etwa 180 °C

6. Für den Guss Pistazienkerne, Eier und Zucker mit dem kalt gestellten Schmand gut verrühren. Den Guss auf dem Teig verteilen. Die Fettpfanne in den vorgeheizten Backofen schieben. Den Birnenkuchen **etwa 35 Minuten backen.**

7. Die Form auf einen Kuchenrost stellen. Den Kuchen erkalten lassen.

BISKUITROLLE MIT MOHN-SAHNE UND ERDBEEREN

ZUBEREITUNGSZEIT:
30 Minuten, ohne Kühlzeit

BACKZEIT:
etwa 15 Minuten

ZUTATEN FÜR 6 STÜCKE

ZUM VORBEREITEN:
2 Becher Schlagsahne (je 200 g, mind. 30 % Fett)

FÜR DEN BISKUITTEIG:
5 Eier (Größe M)
1 Prise Salz
¾ Becher (150 g) Zucker
1 Pck. Bourbon-Vanille-Zucker
1 Becher (140 g) Weizenmehl
1 gestr. TL Backpulver

FÜR DIE FÜLLUNG:
½ Pck. (125 g) backfertige Mohnmischung
1 Becher (150 g) Quarkcreme (z. B. Pfirsich-Maracuja-Geschmack)
1 Schale (500 g) Erdbeeren
2 Pck. Sofort-Gelatinepulver (für je 250 g Schlagsahne)

ZUM BESTÄUBEN:
2–3 EL Puderzucker

PRO STÜCK:
E: 15 g, F: 29 g, Kh: 77 g, kcal: 641

1. Den Backofen vorheizen.
Ober-/Unterhitze: etwa 180 °C
Heißluft: etwa 160 °C

2. Sahne aus den Bechern in einen hohen Rührbecher geben und in den Kühlschrank stellen. Einen Sahnebecher auswaschen und abtrocknen. Becher zum Abmessen verwenden.

3. Für den Teig Eier mit einem Mixer (Rührstäbe) auf höchster Stufe in 1 Minute schaumig schlagen, Salz, Zucker und Vanille-Zucker mischen, in 1 Minute einstreuen, dann noch 4–5 Minuten dickcremig aufschlagen. Mehl mit Backpulver mischen, auf die Eiercreme geben und kurz auf niedrigster Stufe unterrühren.

4. Den Teig auf ein Backblech (30 x 40 cm, mit Backpapier belegt) geben und glatt streichen. Das Backblech in den vorgeheizten Backofen schieben. Biskuitplatte in **etwa 15 Minuten goldgelb backen.**

5. Das Backblech auf einen Kuchenrost setzen, Biskuitplatte kurz abkühlen. Dann auf ein sauberes, fein mit Zucker bestreutes Geschirrtuch stürzen. Mitgebackenes Backpapier vorsichtig abziehen. Die Biskuitplatte mit dem Geschirrtuch aufrollen und erkalten lassen.

6. Für die Füllung Mohnmischung mit der Quarkcreme glatt verrühren. Erdbeeren abspülen, abtropfen lassen, putzen und entstielen. Große Erdbeeren kleiner schneiden. Kalt gestellte Sahne steif schlagen, dabei das Gelatinepulver nach und nach einrieseln lassen. Sahne portionsweise unter die Mohn-Quark-Creme heben.

7. Die Biskuitplatte vorsichtig auf einer Arbeitsfläche entrollen. Die Mohn-Quark-Creme daraufstreichen, dabei rundherum einen etwa 5 cm breiten Rand frei lassen. Erdbeeren auf der Creme verteilen. Die Biskuitplatte wieder aufrollen. Mit der Naht nach unten auf eine Platte setzen und bis zum Servieren etwa 3 Stunden in den Kühlschrank stellen.

8. Biskuitrolle vor dem Servieren dick mit Puderzucker bestäuben.

TIPP:
Dekorieren Sie die Rolle mit Sahnerosetten und halbierten Erdbeeren.

CRÈME-FRAÎCHE-KUCHEN

ZUBEREITUNGSZEIT:
25 Minuten, ohne Abkühlzeit

BACKZEIT:
etwa 25 Minuten

ZUTATEN FÜR 20 STÜCKE

ZUM VORBEREITEN:
1 Becher (150 g) Crème fraîche

FÜR DEN BELAG:
½ Pck. (125 g) Butter
1 Becher Zucker (etwa 150 g)
1 Pck. Bourbon-Vanille-Zucker

FÜR DEN TEIG:
3 Becher Weizenmehl
(je etwa 100 g)
1 Pck. Backpulver
1 Becher Zucker (etwa 150 g)
1 Pck. ger. Zitronenschale
3 Eier (Größe M)
2 Becher Crème fraîche
(je etwa 150 g)

ZUM BESTREUEN:
1 Pck. (100 g) gehobelte Mandeln

ZUM VERZIEREN:
¼ Pck. (50 g) Zartbitter-Kuvertüre
1 TL Sonnenblumenöl

PRO STÜCK:
E: 5 g, F: 17 g, Kh: 29 g, kcal: 287

1. Für den Belag Crème fraîche in einen kleinen Topf geben, Becher auswaschen und trocknen. Butter, Zucker und Vanillin-Zucker mithilfe des leeren Bechers hinzufügen und langsam erwärmen. Den Topf von der Kochstelle nehmen.

2. Den Backofen vorheizen.
Ober-/Unterhitze: etwa 200 °C
Heißluft: etwa 180 °C

3. Für den Teig Mehl mit Backpulver in einer Rührschüssel mischen. Zucker, Zitronenschale, Eier und Crème fraîche hinzufügen und mit einem Mixer (Rührstäbe) zunächst kurz auf niedrigster, dann auf höchster Stufe in etwa 2 Minuten zu einem glatten Teig verarbeiten.

4. Den Teig in eine Fettpfanne (30 x 40 cm, gefettet) geben und glatt streichen. Die Fettpfanne in den vorgeheizten Backofen schieben. Den Kuchen **etwa 10 Minuten vorbacken.**

5. Dann den Belag gleichmäßig auf dem Teig verteilen. Mandeln daraufstreuen. Die Fettpfanne **bei gleicher Backofeneinstellung** wieder in den heißen Backofen schieben und den Kuchen **etwa 15 Minuten backen.**

6. Die Fettpfanne auf einen Kuchenrost stellen und den Kuchen erkalten lassen.

7. Zum Verzieren die Kuvertüre in Stücke schneiden, mit dem Öl in einem kleinen Topf im Wasserbad bei schwacher Hitze unter Rühren schmelzen. Den erkalteten Kuchen damit graffitiartig besprenkeln. Kuvertüre fest werden lassen.

HEIDELBEER-QUARK-KUCHEN

ZUBEREITUNGSZEIT:
25 Minuten, ohne Abkühlzeit

BACKZEIT:
etwa 45 Minuten

ZUTATEN FÜR 25 STÜCKE

ZUM VORBEREITEN:
2 Becher (je 150 g) Crème fraîche

FÜR DEN BELAG:
1 ¼ Becher (200 g) Zucker
1 Pck. Vanillin-Zucker
650 g Magerquark
5 Eier (Größe M)
5 EL Zitronensaft
1 Pck. Pudding-Pulver Vanille-, Sahne- oder Karamell-Geschmack

FÜR DEN QUARK-ÖL-TEIG:
3 Becher (300 g) Weizenmehl
1 Pck. Backpulver
½ Becher (75 g) Zucker
1 Pck. Vanillin-Zucker
1 Prise Salz
150 g Magerquark
¾ Becher (100 ml) Milch (1,5 % Fett)
¾ Becher (100 ml) Sonnenblumenöl

ZUSÄTZLICH:
750 g Heidelbeeren

PRO STÜCK:
E: 8 g, F: 9 g, Kh: 26 g, kcal: 218

1. Zum Vorbereiten Crème fraîche in eine Rührschüssel geben. Einen Becher auswaschen und abtrocknen. Becher zum Abmessen verwenden.

2. Den Backofen vorheizen.
Ober-/Unterhitze: etwa 180 °C
Heißluft: etwa 160 °C

3. Für den Belag Zucker, Vanillin-Zucker, Quark, Eier, Zitronensaft und Pudding-Pulver zu der Crème fraîche in die Rührschüssel geben und zu einer glatten Creme verrühren.

4. Für den Teig Mehl und Backpulver in einer Rührschüssel mischen. Zucker, Vanillin-Zucker und Salz untermischen. Quark, Milch und Sonnenblumenöl hinzugeben. Die Zutaten mit einem Mixer (Knethaken) zunächst kurz auf niedrigster, dann auf höchster Stufe in etwa 1 Minute zu einem Teig verarbeiten (nicht zu lange kneten, Teig klebt sonst!).

5. Den Teig auf einer bemehlten Arbeitsfläche kurz durchkneten, dann zu einem Rechteck (etwa 30 x 40 cm) ausrollen. Teigrechteck in eine Fettpfanne (30 x 40 cm, gefettet) legen und mit Händen oder der Teigrolle gleichmäßig in der Fettpfanne verteilen.

6. Für den Belag die Heidelbeeren verlesen, abspülen und gut abtropfen lassen. Die vorbereitete Quarkcreme auf dem Teig verteilen und mit den Heidelbeeren bestreuen.

7. Die Fettpfanne in den vorgeheizten Backofen (untere Einschubleiste) schieben. Den Kuchen in **etwa 45 Minuten goldgelb backen.**

8. Die Fettpfanne auf einen Kuchenrost stellen. Den Kuchen in der Fettpfanne etwa 3 Stunden erkalten lassen.

KINDER-WATTEKUCHEN

ZUBEREITUNGSZEIT:
30 Minuten, ohne Kühlzeit

BACKZEIT:
etwa 15 Minuten

ZUTATEN FÜR 20 STÜCKE (1 TASSE = 200 ML)

FÜR DEN ALL-IN-TEIG:
2 Tassen (300 g) Weizenmehl
1 Pck. Backpulver
¾ Tasse (150 g) Zucker
1 Pck. Vanillin-Zucker
3 Eier (Größe M)
1 ½ Tassen (300 g) Buttermilch
1 Tasse (100 g) Kakaogetränkepulver

FÜR DEN BELAG:
3 Tassen (600 g) Schlagsahne (mind. 30 % Fett)
2 Pck. Sahnesteif
2 leicht geh. EL Kakaogetränkepulver

ZUM GARNIEREN:
dunkles Kakaopulver
einige Schokolinsen

PRO STÜCK:
E: 4 g, F: 12 g, Kh: 30 g, kcal: 242

1. Den Backofen vorheizen.
Ober-/Unterhitze: etwa 180 °C
Heißluft: etwa 160 °C

2. Für den Teig Mehl mit Backpulver in einer Rührschüssel mischen. Zucker, Vanillin-Zucker, Eier, Buttermilch und Getränkepulver hinzufügen. Die Zutaten mit einem Mixer (Rührstäbe) zunächst kurz auf niedrigster, dann auf höchster Stufe in etwa 2 Minuten zu einem Teig verarbeiten. Einen Backrahmen (30 x 40 cm) auf ein Backblech (gefettet) stellen. Den Teig in dem Backrahmen glatt verstreichen. Das Backblech in den vorgeheizten Backofen schieben. Den Gebäckboden **etwa 15 Minuten backen.**

3. Das Backblech auf einen Kuchenrost stellen. Den Backrahmen lösen und entfernen. Den Gebäckboden auf dem Backblech erkalten lassen.

4. Für den Belag Sahne mit Sahnesteif und dem Kakaogetränkepulver steif schlagen. Kakaosahne gleichmäßig auf dem Gebäckboden verstreichen und mit einer Gabel ein Muster in die Sahne ziehen. Kuchen bis zum Servieren in den Kühlschrank stellen.

5. Zum Garnieren kurz vor dem Servieren Kakao in kleinen Tupfen auf die Oberfläche stäuben und die Schokolinsen darauflegen.

REZEPTVARIANTE:
Für einen **Bananen-Wattekuchen** 3 reife Bananen, schälen, das Fruchtfleisch in Scheiben schneiden, mit Saft von 1 Zitrone beträufeln und auf dem gebackenen, ausgekühlten Gebäckboden verteilen. Die Sahne darübergeben.

KIRSCHJOGHURT-BECHERKUCHEN

ZUBEREITUNGSZEIT:
20 Minuten, ohne Abkühlzeit

BACKZEIT:
etwa 35 Minuten

ZUTATEN FÜR 20 STÜCKE

ZUM VORBEREITEN:
370 g abgetropfte Sauerkirschen (aus dem Glas)
1 ½ Becher (etwa 260 g) Kirschjoghurt

FÜR DEN ALL-IN-TEIG:
1 Becher (150 ml) Speiseöl
1 Becher (150 g) Zucker
1 Pck. Vanillin-Zucker
3 Eier (Größe M)
3 Becher (300 g) Weizenmehl
1 Pck. Backpulver
4 EL Orangensaft

FÜR DEN GUSS:
1 ½ Pck. ungezuckerter Tortenguss, klar
3 ½ Pck. ungezuckerter Tortenguss, rot
375 ml Kirschsaft (aus dem Glas)
1 ½ EL Zucker

PRO STÜCK:
E: 3 g, F: 9 g, Kh: 28 g, kcal: 219

1. Zum Vorbereiten von den Kirschen den Saft auffangen und 375 ml für den Guss abmessen. Ggf. mit Wasser auffüllen. Kirschjoghurt in eine Rührschüssel geben, den Becher ausspülen, abtrocknen und zum Abmessen der restlichen Zutaten verwenden.

2. Den Backofen vorheizen.
Ober-/Unterhitze: etwa 200 °C
Heißluft: etwa 180 °C

3. Für den Teig Speiseöl, Zucker, Vanillin-Zucker, Eier, Mehl, Backpulver und Rum zum Joghurt in die Rührschüssel geben und mit einem Mixer (Rührstäbe) zunächst kurz auf niedrigster, dann auf höchster Stufe in etwa 1 Minute zu einem Teig verrühren. Den Teig auf ein Backblech (30 x 40 cm, gefettet) geben und verstreichen.

4. Die Kirschen gleichmäßig auf dem Teig verteilen. Das Backblech in den vorgeheizten Backofen schieben. Den Kuchen **etwa 25 Minuten backen.**

5. Das Backblech auf einen Kuchenrost stellen. Den Kuchen auf dem Backblech erkalten lassen.

6. Für den Guss das Tortengusspulver nach Packungsanleitung, aber nur mit insgesamt 375 ml Saft, dem Joghurt (auch mit erhitzen) und dem Zucker unter Rühren zubereiten und auf dem Kuchen verteilen. Guss fest werden lassen.

TIPPS:
Der Guss lässt sich auch nur mit rotem Tortenguss zubereiten, dann wird er allerdings dunkler. Ohne Guss kann der Kuchen gut eingefroren werden.
Sie können auch Joghurtbecher mit 150 g Inhalt verwenden, nehmen Sie dann aber am besten leicht gehäufte Becher Zucker und Mehl sowie 2 Esslöffel Speiseöl extra.

KISSENKUCHEN

ZUBEREITUNGSZEIT:
40 Minuten, ohne Auftau- und Abkühlzeit

BACKZEIT:
etwa 30 Minuten

ZUTATEN FÜR 20 STÜCKE (1 TASSE = 250 ML)

ZUM VORBEREITEN:
1 Pck. (300 g) gemischte TK-Beeren
1 Tafel (100 g) weiße Schokolade

FÜR DEN RÜHRTEIG:
1 Pck. (250 g) Butter (zimmerwarm) oder Margarine
1 Tasse (220 g) Zucker
½ TL abger. Schale von 1 Bio-Zitrone (unbehandelt, ungewachst)
4 Eier (Größe M)
2 Tassen (340 g) Weizenmehl
3 gestr. TL Backpulver

ZUM BESTÄUBEN:
etwas Puderzucker

PRO STÜCK:
E: 4 g, F: 13 g, Kh: 30 g, kcal: 264

1. Zum Vorbereiten Beeren bei Zimmertemperatur auftauen lassen. Schokolade in Stücke brechen, in einem kleinen Topf im Wasserbad bei schwacher Hitze unter Rühren schmelzen und etwas abkühlen lassen.

2. Den Backofen vorheizen.
Ober-/Unterhitze: etwa 180 °C
Heißluft: etwa 160 °C

3. Für den Teig Butter oder Margarine mit einem Mixer (Rührstäbe) auf höchster Stufe geschmeidig rühren. Nach und nach Zucker und Zitronenschale unterrühren. So lange rühren, bis eine gebundene Masse entstanden ist. Eier einzeln unterrühren (jedes Ei etwa ½ Minute). Die geschmolzene Schokolade hinzufügen und kurz unterrühren. Mehl und Backpulver mischen, in zwei Portionen kurz auf mittlerer Stufe unterrühren.

4. Gut zwei Drittel des Teiges auf ein Backblech (30 x 40 cm, gefettet) geben und glatt streichen. Mit einem Kochlöffelstiel (Ø 10 cm) in etwa 5 cm breiten Abständen gitterartig tiefe Linien in den Teig ziehen.

5. Beeren pürieren und durch ein Sieb streichen. Beerenpüree unter den restlichen Teig rühren. Den Teig in einen Spritzbeutel mit Lochtülle (Ø etwa 10 mm) füllen und auf das markierte Gitter spritzen. Das Backblech in den vorgeheizten Backofen schieben. Den Kuchen **etwa 30 Minuten backen.**

6. Das Backblech auf einen Kuchenrost stellen. Den Kuchen darauf erkalten lassen.

7. Den Kissenkuchen mit Puderzucker bestäuben.

KOKOSKUCHEN

ZUBEREITUNGSZEIT:
20 Minuten, ohne Abkühlzeit

BACKZEIT:
etwa 20 Minuten

ZUTATEN FÜR 20 STÜCK (1 TASSE = 150 ML)

FÜR DEN ALL-IN-TEIG:
3 Tassen (300 g) Weizenmehl
3 gestr. TL Backpulver
1 ½ Tassen (225 g) Zucker
2 Eier (Größe M)
1 ½ Tassen (225 g) Buttermilch Zitronengeschmack

FÜR DEN BELAG:
3 Tassen (150 g) Kokosraspel
1/2 Tasse (75 g) Zucker
2 Becher (400 g) Schlagsahne

PRO STÜCK:
E: 3 g, F: 12 g, Kh: 28 g, kcal: 237

1. Den Backofen vorheizen.
Ober-/Unterhitze: etwa 200 °C
Heißluft: etwa 180 °C

2. Für den Teig Mehl mit Backpulver in einer Rührschüssel mischen. Zucker, Eier und Buttermilch hinzufügen. Die Zutaten mit einem Mixer (Rührstäbe) zunächst kurz auf niedrigster, dann auf höchster Stufe in etwa 2 Minuten zu einem glatten Teig verarbeiten.

3. Den Teig auf einem Backblech (30 x 40 cm, gefettet) glatt verstreichen.

4. Für den Belag Kokosraspel und Zucker vermischen und gleichmäßig auf den Teig streuen. Das Backblech in den vorgeheizten Backofen schieben. Den Kokoskuchen **etwa 20 Minuten backen.**

5. Das Backblech auf einen Kuchenrost stellen. Die Sahne esslöffelweise auf den heißen Kuchen träufeln. Kuchen erkalten lassen und in Stücke schneiden.

TIPPS:
Buttermilch (Zitronengeschmack) kann auch durch Reine Buttermilch und 1 Päckchen Geriebene Zitronenschale ersetzt werden. Wer noch mehr Kokosgeschmack möchte, ersetzt die Buttermilch durch 1 Packung (140 ml) Kokosmilch. Die fehlende Flüssigkeit (85 ml) kann durch Wasser ersetzt werden. Für diesen Teig benötigt man 4 gestrichene Teelöffel Backpulver.

MANDARINEN-MANDEL-KUCHEN

ZUBEREITUNGSZEIT:
25 Minuten, ohne Abkühlzeit

BACKZEIT:
etwa 25 Minuten

ZUTATEN FÜR 20 STÜCK (1 TASSE = 150 ML)

FÜR DEN BELAG:
2 Dosen (Abtropfgewicht 350 g) Mandarinen
½ Pck. (125 g) Butter
½ Tasse (75 g) Zucker
4 EL Saft von den Mandarinen
1 ½ Pck. (150 g) gehobelte Mandeln

FÜR DEN RÜHRTEIG:
1 Pck. (250 g) Butter oder Margarine
1 Tasse (150 g) Zucker
1 Prise Salz
1 Pck. Vanillin-Zucker
½ Pck. ger. Orangenschalen
3 Eier (Größe M)
½ Tasse (75 ml) Milch (3,5 % Fett)
2 ½ Tassen (250 g) Weizenmehl
2 gestr. TL Backpulver

PRO STÜCK:
E: 4 g, F: 21 g, Kh: 25 g, kcal: 307

1. Für den Belag die Mandarinen abtropfen lassen. Den Saft auffangen und 4 Esslöffel davon abmessen. Butter mit Zucker und abgemessenem Saft unter Rühren erhitzen. Mandeln unterrühren. Die Masse aufkochen, von der Kochstelle nehmen und etwas abkühlen lassen.

2. Den Backofen vorheizen.
Ober-/Unterhitze: etwa 180 °C
Heißluft: etwa 160 °C

3. Für den Teig Butter oder Margarine mit einem Mixer (Rührstäbe) auf höchster Stufe geschmeidig rühren. Nach und nach Zucker, Salz, Vanillin-Zucker und Orangenschale unterrühren. So lange rühren, bis eine gebundene Masse entstanden ist.

4. Eier einzeln unterrühren (jedes Ei etwa ½ Minute). Mehl mit Backpulver mischen, abwechselnd mit der Milch in 2 Portionen kurz auf mittlerer Stufe unterrühren.

5. Den Teig auf einem Backblech (30 x 40 cm, gefettet) glatt verstreichen. Die Mandarinen gleichmäßig auf dem Teig verteilen. Die Mandelmasse mit einem Esslöffel gleichmäßig daraufgeben. Das Backblech in den vorgeheizten Backofen schieben. Den Kuchen **etwa 25 Minuten backen.**

6. Das Backblech auf einen Kuchenrost stellen. Den Kuchen erkalten lassen und in Stücke schneiden.

REZEPTVARIANTE:
Für einen **Stachelbeerkuchen** 1 Glas (Abtropfgewicht 390 g) Stachelbeeren abtropfen lassen und anstelle der Mandeln gehobelte Haselnusskerne verwenden. Die Orangenschale für den Teig durch Zitronenschale ersetzen und zusätzlich ½ Pck. (50 g) gemahlene Haselnusskerne in den Teig geben.

MANDELTEPPICH-BECHERKUCHEN

ZUBEREITUNGSZEIT:
15 Minuten, ohne Abkühlzeit

BACKZEIT:
etwa 24 Minuten

ZUTATEN FÜR 20 STÜCKE

ZUM VORBEREITEN:
1 Becher (200 g) Schlagsahne

FÜR DEN ALL-IN-TEIG:
1 Becher (200 g) Zucker
1 Pck. Vanillin-Zucker
6 Tropfen Bittermandel-Aroma (aus dem Röhrchen)
3 Eier (Größe M)
2 Becher (250 g) Weizenmehl
1 Pck. Backpulver

FÜR DEN BELAG:
½ Pck. (125 g) Butter
1 Becher (200 g) Zucker
1 Pck. Vanillin-Zucker
4 EL Milch
2 ½ Pck. (250 g) abgezogene, gem. Mandeln

PRO STÜCK:
E: 4 g, F: 15 g, Kh: 31 g, kcal: 279

1. Zum Vorbereiten Sahne in eine Rührschüssel geben, den geleerten Sahnebecher ausspülen, abtrocknen und zum Abmessen der Zutaten verwenden.

2. Den Backofen vorheizen.
Ober-/Unterhitze: etwa 200 °C
Heißluft: etwa 180 °C

3. Für den Teig Zucker, Vanillin-Zucker, Aroma und Eier zur Sahne in die Rührschüssel geben. Mehl mit Backpulver mischen und hinzufügen. Die Zutaten mit einem Mixer (Rührstäbe) zunächst kurz auf niedrigster, dann auf höchster Stufe in 1 Minute zu einem glatten Teig verarbeiten. Den Teig auf einem Backblech (30 x 40 cm, gefettet) glatt verstreichen. Das Backblech in den vorgeheizten Backofen schieben. Den Gebäckboden **etwa 12 Minuten vorbacken.**

4. Für den Belag Butter, Zucker, Vanillin-Zucker und Milch in einem Topf unter Rühren erwärmen, bis der Zucker gelöst ist. Mandeln unterrühren und alles aufkochen lassen. Die Mandelmasse auf den vorgebackenen, heißen Gebäckboden streichen.

5. Das Backblech wieder in den heißen Backofen schieben und den Kuchen bei gleicher Backofentemperatur in **etwa 12 Minuten fertig backen.**

6. Das Backblech auf einen Kuchenrost stellen und den Kuchen darauf erkalten lassen.

TIPPS:
Das Bittermandel-Aroma kann auch durch Butter-Vanille- oder Rum-Aroma ersetzt werden. Anstelle von gemahlenen Mandeln können auch gehackte Mandeln, Kokosraspel oder gemahlene Haselnusskerne verwendet werden.

MUSKATKUCHEN

ZUBEREITUNGSZEIT:
35 Minuten, ohne Abkühlzeit

BACKZEIT:
etwa 25 Minuten

ZUTATEN FÜR 20 STÜCKE (1 TASSE = 250 ML)

ZUM VORBEREITEN:
1 Pck. (250 g) Butter
1 Pck. (100 g) Zartbitter-Schokolade (etwa 50 % Kakaoanteil)

FÜR DEN RÜHRTEIG:
1 Tasse (220 g) Zucker
Mark von 1 Vanilleschote
4 Eier (Größe M)
1 ½ Tassen (255 g) Weizenmehl
½ Tasse (65 g) Speisestärke
2 gestr. TL Backpulver
½ TL gem. Muskatblüte (Macis)
6–8 EL Schlagsahne

24 dünne Schokotaler

PRO STÜCK:
E: 4 g, F: 16 g, Kh: 29 g, kcal: 284

1. Zum Vorbereiten Butter in einem Topf bei mittlerer Hitze leicht bräunen. Butter abkühlen lassen, in eine Rührschüssel geben und im Kühlschrank fest werden lassen. Schokolade fein hacken.

2. Den Backofen vorheizen.
Ober-/Unterhitze: etwa 180 °C
Heißluft: etwa 160 °C

3. Für den Teig die gebräunte, wieder fest gewordene Butter mit einem Mixer (Rührstäbe) auf höchster Stufe geschmeidig rühren. Nach und nach Zucker und Vanillemark unterrühren. So lange rühren, bis eine gebundene Masse entstanden ist. Eier einzeln unterrühren (jedes Ei etwa ½ Minute).

4. Mehl mit Speisestärke und Backpulver mischen, in 2 Portionen abwechselnd mit der Muskatblüte und Sahne kurz auf mittlerer Stufe unterrühren. Zuletzt gehackte Schokolade unterrühren. Den Teig auf ein Backblech (30 x 40 cm, gefettet) geben und glatt streichen. Das Backblech in den vorgeheizten Backofen schieben. Den Kuchen **etwa 25 Minuten backen.**

5. Das Backblech auf einen Kuchenrost stellen. Den heißen Kuchen mit Schokotalern belegen und den Kuchen erkalten lassen.

TIPP:
Wer keine Muskatblüte bekommen kann, gibt eine Prise Muskatnuss zum Rührteig.

QUARK-KIRSCH-KUCHEN

ZUBEREITUNGSZEIT:
40 Minuten, ohne Abkühlzeit

BACKZEIT:
etwa 40 Minuten

ZUTATEN FÜR 20 STÜCKE (1 TASSE = 150 ML)

FÜR DEN ALL-IN-TEIG:
- ½ Pck. (125 g) Butter oder Margarine
- 2 ½ Tassen (250 g) Weizenmehl
- 2 gestr. TL Backpulver
- 1 Tasse (150 g) Zucker, 1 Prise Salz
- 1 Pck. Vanillin-Zucker
- 3 Eier (Größe M)
- 4 EL Milch (3,5 % Fett)

FÜR DEN BELAG:
- 2 Gläser (700 g) Sauerkirschen
- 2 Becher (1 kg) Speisequark (Magerstufe)
- 1 ½ Tassen (225 g) Zucker
- 1 Pck. Finesse Ger. Zitronenschale
- 1 Pck. Pudding-Pulver Vanille-Geschmack
- 1 Becher (250 g) Crème fraîche
- 4 Eier (Größe M)

FÜR DEN GUSS:
- 150 ml Kirschsaft (von den Kirschen)
- 2 EL Zucker
- 1 Pck. ungezuckerter Tortenguss, klar
- ⅔ Tasse (100 ml) Wasser

PRO STÜCK:
E: 11 g, F: 12 g, Kh: 41 g, kcal: 322

1. Für den Teig die Butter oder Margarine zerlassen und abkühlen lassen.

2. Den Backofen vorheizen.
Ober-/Unterhitze: etwa 180 °C
Heißluft: etwa 160 °C

3. Mehl und Backpulver in einer Rührschüssel mischen. Zucker, Salz, Vanillin-Zucker, Eier, Milch und zerlassene Butter oder Margarine hinzugeben. Die Zutaten mit einem Mixer (Rührstäbe) zunächst kurz auf niedrigster, dann auf höchster Stufe in etwa 2 Minuten zu einem glatten Teig verarbeiten.

4. Den Teig auf ein Backblech (30 x 40 cm, gefettet) geben und glatt streichen. Das Backblech in den vorgeheizten Backofen schieben. Den Gebäckboden **etwa 10 Minuten vorbacken.**

5. Für den Belag die Kirschen abtropfen lassen. Den Saft dabei auffangen und für den Guss beiseitestellen. Quark, Zucker, Zitronenschale, Pudding-Pulver, Crème fraîche und Eier zu einer glatten Masse verrühren.

6. Einen Backrahmen um den vorgebackenen Boden stellen. Die Kirschen auf dem vorgebackenen Boden verteilen. Die Quarkmasse esslöffelweise daraufgeben und glatt streichen. Das Backblech wieder in den heißen Backofen schieben und den Kuchen bei gleicher Backofentemperatur in **etwa 30 Minuten fertig backen.**

7. Das Backblech auf einen Kuchenrost stellen, den Kuchen erkalten lassen.

8. Für den Guss 1 Tasse (150 ml) von dem beiseitegestellten Kirschsaft abmessen. Aus Zucker, Tortengusspulver, abgemessenem Kirschsaft und Wasser einen Guss nach Packungsanleitung zubereiten. Den Guss etwas abkühlen lassen, dann mit einem Löffel streifenartig auf den Kuchen träufeln. Den Guss fest werden lassen.

9. Den Backrahmen mit einem Messer lösen und entfernen. Den Kuchen in Stücke schneiden.

SCHNELLER PFLAUMENKUCHEN

ZUBEREITUNGSZEIT:
25 Minuten, ohne Abkühlzeit

BACKZEIT:
etwa 30 Minuten

ZUTATEN FÜR 20 STÜCKE (1 TASSE = 200 ML)

FÜR DEN BELAG:
1 ½ kg Pflaumen oder Zwetschen

FÜR DEN SCHÜTTELTEIG:
1 ½ Tassen (225 g) Weizenmehl
½ Tasse (75 g) Buchweizen-Vollkornmehl (Reformhaus)
4 gestr. TL Backpulver
1 Tasse (200 g) Zucker
1 Pck. Vanillin-Zucker
4 Eier (Größe M)
½ Tasse (100 ml) Walnussöl
½ Tasse (100 ml) Raps- oder Sonnenblumenöl
½ (100 ml) Tasse Milch (3,5 % Fett)

ZUM BESTÄUBEN:
Puderzucker

PRO STÜCK:
E: 5 g, F: 8 g, Kh: 39 g, kcal: 255

1. Für den Belag Pflaumen oder Zwetschen abspülen, trocken tupfen, entstielen, halbieren, entsteinen. Große Früchte vierteln.

2. Den Backofen vorheizen.
Ober-/Unterhitze: etwa 200 °C
Heißluft: etwa 180 °C

3. Für den Teig beide Mehlsorten mit Backpulver in einer verschließbaren Schüssel (3-Liter-Inhalt) mischen, Zucker und Vanillin-Zucker untermischen. Eier, beide Ölsorten und Milch hinzufügen. Die Schüssel mit dem Deckel fest verschließen.

4. Schüssel mehrmals kräftig schütteln (insgesamt 15–30 Sekunden), sodass alle Zutaten gut vermischt sind. Alles mit einem Schneebesen oder Rührlöffel nochmals sorgfältig durchrühren, damit vor allem trockene Zutaten vom Rand und Deckel mit untergerührt werden.

5. Den Teig auf ein Backblech (30 x 40 cm, gefettet) geben und glatt streichen. Die Pflaumen- oder Zwetschenhälften mit der Schnittfläche nach oben auf dem Teig verteilen. Das Backblech in den vorgeheizten Backofen schieben. Den Kuchen **etwa 30 Minuten backen.**

6. Das Backblech auf einen Kuchenrost stellen. Den Kuchen darauf erkalten lassen.

7. Den gebackenen Pflaumenkuchen dick mit Puderzucker bestäuben.

TIPPS:
Statt mit Pflaumen oder Zwetschen können Sie den Kuchen auch mit der gleichen Menge frischen Aprikosen, Mirabellen oder Renekloden zubereiten. Dafür die Früchte abspülen, trocken tupfen, entstielen, halbieren und entsteinen. Große Früchte vierteln und auf dem Teig verteilen.
Im Winter können Sie auch gut abgetropfte Früchte aus dem Glas oder der Dose verwenden.

SCHOKO-MIRABELLEN-KUCHEN

ZUBEREITUNGSZEIT:
55 Minuten, ohne Abkühlzeit

BACKZEIT:
etwa 25 Minuten

ZUTATEN FÜR 20 STÜCKE (1 TASSE = 150 ML)

FÜR DEN BELAG:
- 2 Gläser (770 g) Mirabellen mit Stein
- 1 Pck. Pudding-Pulver Sahne-Geschmack
- 2 Becher (500 g) Schlagsahne (mind. 30 % Fett)
- 2 Pck. Sahnesteif
- 1–2 EL Puderzucker

FÜR DEN RÜHRTEIG:
- 1 Pck. (250 g) Butter (zimmerwarm) oder Margarine
- 1 Tasse (150 g) Zucker
- 1 Prise Salz
- 1 Pck. Vanillin-Zucker
- 4 Eier (Größe M)
- 3 Tassen (300 g) Weizenmehl
- 2 gestr. TL Backpulver
- ⅓ Tasse (30 g) gesiebtes Kakaopulver

PRO STÜCK:
E: 4 g, F: 20 g, Kh: 35 g, kcal: 350

1. Für den Belag die Mirabellen abtropfen lassen. Den Saft dabei auffangen und 3 Tassen und 4 Esslöffel davon abmessen. Mirabellen je nach Größe halbieren oder vierteln und entsteinen.

2. Den Backofen vorheizen.
Ober-/Unterhitze: etwa 180 °C
Heißluft: etwa 160 °C

3. Für den Teig Butter oder Margarine mit einem Mixer (Rührstäbe) auf höchster Stufe geschmeidig rühren. Nach und nach Zucker, Salz und Vanillin-Zucker unterrühren. So lange rühren, bis eine gebundene Masse entstanden ist.

4. Eier einzeln unterrühren (jedes Ei etwa ½ Minute). Mehl mit Backpulver und Kakao mischen, in 3 Portionen kurz auf mittlerer Stufe unterrühren. Ein Drittel der Mirabellenstücke kurz unterrühren.

5. Den Teig auf ein Backblech (30 x 40 cm, gefettet) geben und glatt streichen. Die restlichen Mirabellenstücke darauf verteilen. Einen Backrahmen darumstellen. Das Backblech in den vorgeheizten Backofen schieben. Den Kuchen **etwa 25 Minuten backen.**

6. Das Backblech auf einen Kuchenrost stellen. Den Kuchen erkalten lassen.

7. Für den Belag aus Pudding-Pulver und Mirabellensaft nach Packungsanleitung – aber mit den hier angegebenen Zutaten – einen Pudding zubereiten. Den Pudding in eine Rührschüssel geben, mit Frischhaltefolie zugedeckt erkalten lassen.

8. Die Sahne mit Sahnesteif und Puderzucker steif schlagen. Den Pudding mit dem Mixer (Rührstäbe) geschmeidig rühren, Sahne unterheben. Die Pudding-Sahne-Masse wellenartig auf den Kuchen streichen. Den Kuchen etwa 1 Stunde in den Kühlschrank stellen.

9. Den Kuchen mit den Mirabellenhälften garnieren. Den Backrahmen mit einem Messer lösen und entfernen.

TIPP:
Garnieren Sie den Kuchen mit Mirabellen und Zitronenmelisse (s. Foto). Behalten Sie für die Dekoration etwa 70 g schöne Mirabellenhälften zurück.

SCHOKOLADEN-HIMBEER-KUCHEN

ZUBEREITUNGSZEIT:
40 Minuten, ohne Abkühlzeit

BACKZEIT:
etwa 20 Minuten

ZUTATEN FÜR 20 STÜCKE (1 TASSE = 150 ML)

FÜR DEN ALL-IN-TEIG:
- ½ Pck. (125 g) Butter (zimmerwarm) oder Margarine
- 1 Pck. (100 g) Zartbitter-Kuvertüre (etwa 50 % Kakaoanteil)
- 2 ½ Tassen (250 g) Weizenmehl
- 3 gestr. TL Backpulver
- 1 Tasse (150 g) Zucker, 1 Prise Salz
- 4 Eier (Größe M)
- ⅔ Tasse (100 ml) Milch (3,5 % Fett)
- 1 Tasse (150 ml) Espresso-Kaffee
- 2 TL Zucker

FÜR DIE CREME:
- 200 g Himbeeren
- 4 Blatt weiße Gelatine
- 3 EL Zitronensaft
- 1 Pck. (250 g) Mascarpone
- 1 ½ Tassen (100 g) Puderzucker
- 1 Becher (250 g) Schlagsahne (mind. 30 % Fett)

ZUM GARNIEREN:
- 100 g Himbeeren
- etwas geschabte Vollmilch-Schokolade

PRO STÜCK:
E: 5 g, F: 19 g, Kh: 29 g, kcal: 315

1. Den Backofen vorheizen.
Ober-/Unterhitze: etwa 200 °C
Heißluft: etwa 180 °C

2. Für den Teig Butter oder Margarine zerlassen und etwas abkühlen lassen. Kuvertüre in kleine Stücke hacken, in einem kleinen Topf im Wasserbad bei schwacher Hitze unter Rühren schmelzen, Kuvertüre etwas abkühlen lassen.

3. Mehl und Backpulver in einer Rührschüssel mischen. Zucker, Salz, Eier, Butter oder Margarine und Milch hinzufügen. Die Zutaten mit einem Mixer (Rührstäbe) zunächst kurz auf niedrigster, dann auf höchster Stufe in etwa 2 Minuten zu einem glatten Teig verarbeiten.

4. Den Teig auf ein Backblech (30 x 40 cm, gefettet) geben und glatt streichen. Die geschmolzene Kuvertüre daraufträufeln. Das Backblech in den vorgeheizten Backofen schieben. Den Gebäckboden **etwa 20 Minuten backen.**

5. Das Backblech auf einen Kuchenrost stellen. Den Kuchen abkühlen lassen. Die Kuchenoberfläche mit einer Gabel mehrmals einstechen.

6. Zum Tränken Espresso-Kaffee mit Zucker verrühren. Den Kuchen mit der Kaffeemischung tränken.

7. Für die Creme Himbeeren verlesen, evtl. kurz abspülen und gut trocken tupfen. Die Himbeeren durch ein Sieb streichen. Gelatine nach Packungsanleitung einweichen. Zitronensaft in einem kleinen Topf erwärmen (nicht kochen). Die leicht ausgedrückte Gelatine unter Rühren vollständig darin auflösen.

8. Mascarpone in eine Rührschüssel geben und mit dem Mixer (Rührstäbe) zu einer geschmeidigen Masse verrühren. Himbeerpüree und Puderzucker unterrühren. 3 Esslöffel davon unter die Zitronen-Gelatine rühren, anschließend mit der restlichen Himbeer-Mascarpone-Masse verrühren. Die Sahne steif schlagen und unterheben.

9. Die Creme auf dem Kuchen verteilen. Den Kuchen etwa 2 Stunden in den Kühlschrank stellen.

10. Den Kuchen in Stücke schneiden und mit Himbeeren und geschabter Schokolade garnieren.

TIPP:
Anstelle des Espresso-Kaffees können Sie auch die gleiche Menge Kakao verwenden.

KUCHEN AUS DER FORM

APFEL-PREISELBEER-KUCHEN

ZUBEREITUNGSZEIT:
40 Minuten, ohne Abkühlzeit

BACKZEIT:
etwa 55 Minuten

ZUTATEN FÜR 12 STÜCK (1 TASSE = 150 ML)

ZUM VORBEREITEN:
4 (etwa 500 g) kleine Äpfel
2 EL Zitronensaft

FÜR DEN RÜHRTEIG:
½ Pck. (100 g) Marzipan-Rohmasse
½ Pck. (125 g) Butter (zimmerwarm) oder Margarine
⅔ Tasse (100 g) Zucker
1 Prise Salz
1 Pck Vanillin-Zucker
2 Eier (Größe M)
1 ½ Tassen (150 g) Weizenmehl
2 gestr. TL Backpulver

FÜR DEN BELAG:
¼ Pck. (60 g) Butter
⅔ Tasse (100 g) Zucker
1 Msp. gem. Zimt
4 EL Schlagsahne
2 Tassen (50 g) Cornflakes
½ Glas (110 g) Wild-Preiselbeeren

PRO STÜCK:
E: 4 g, F: 19 g, Kh: 38 g, kcal: 340

1. Zum Vorbereiten Äpfel schälen, vierteln und die Kerngehäuse entfernen. Apfelviertel in dickere Spalten schneiden und mit Zitronensaft beträufeln.

2. Den Backofen vorheizen.
Ober-/Unterhitze: etwa 180 °C
Heißluft: etwa 160 °C

3. Für den Teig Marzipan in kleine Stücke schneiden. Butter oder Margarine und Marzipanstücke mit einem Mixer (Rührstäbe) auf höchster Stufe geschmeidig rühren. Nach und nach Zucker, Salz und Vanillin-Zucker unterrühren. So lange rühren, bis eine gebundene Masse entstanden ist. Eier einzeln unterrühren (jedes Ei etwa ½ Minute). Mehl mit Backpulver mischen und kurz auf mittlerer Stufe unterrühren.

4. Den Teig in eine Springform (Ø 26 cm, gefettet) geben und glatt streichen. Apfelspalten darauf verteilen. Die Form auf dem Rost in den vorgeheizten Backofen schieben. Den Kuchen **etwa 40 Minuten vorbacken.**

5. Für den Belag Butter, Zucker, Zimt und Sahne in einem kleinen Topf zum Kochen bringen. Den Topf von der Kochstelle nehmen und Cornflakes unterheben.

6. Die Form auf einen Kuchenrost stellen. Die Preiselbeeren in die Zwischenräume der Apfelspalten geben.

7. Die Cornflakes-Masse gleichmäßig auf dem Kuchen verteilen. Die Form wieder auf dem Rost in den heißen Backofen schieben und den Kuchen bei gleicher Backofeneinstellung in **etwa 15 Minuten fertig backen.**

8. Die Form auf einen Kuchenrost stellen. Den Kuchen nach etwa 10 Minuten mit einem Messer vom Springformrand lösen. Den Kuchen erkalten lassen, vom Springformboden lösen und auf eine Tortenplatte geben.

APFELMUSKUCHEN MIT HAFERFLOCKEN

ZUBEREITUNGSZEIT:
45 Minuten, ohne Abkühlzeit

BACKZEIT:
etwa 55 Minuten

ZUTATEN FÜR 12 STÜCKE

ZUM VORBEREITEN:
2 Becher (je 250 g) Schmand

FÜR DEN TEIG:
1 ¼ Becher (200 g) Weizenmehl
3 gestr. TL Backpulver
¾ Becher (150 g) Zucker
1 Pck. Vanillin-Zucker
½ TL gem. Zimt
1 Prise Salz
½ TL Finesse Ger. Zitronenschale
4 Eier (Größe M)
6 EL Speiseöl, z. B. Rapsöl
2 Becher (200 g) kernige Haferflocken
1 Glas (355 g) Apfelmus

FÜR DIE KROKANTMASSE:
6–7 EL kernige Haferflocken
2 EL Sonnenblumenkerne
4 EL Zucker

PRO STÜCK:
E: 9 g, F: 18 g, Kh: 50 g, kcal: 41

1. Zum Vorbereiten den Schmand in eine Schüssel geben und zugedeckt in den Kühlschrank stellen. Einen Schmandbecher auswaschen, abtrocknen und anschließen zum Abmessen verwenden.

2. Den Backofen vorheizen.
Ober-/Unterhitze: etwa 180 °C
Heißluft: etwa 160 °C

3. Für den Teig Mehl mit Backpulver in einer Rührschüssel mischen. Zucker, Vanillin-Zucker, Zimt, Salz, Zitronenschale, Eier, Speiseöl und ½ Becher (125 g) von dem kalt gestellten Schmand hinzufügen. Die Zutaten mit dem Mixer (Rührstäbe) in etwa 2 Minuten auf höchster Stufe zu einem glatten Teig verarbeiten. Anschließend Haferflocken und Apfelmus unterrühren.

4. Den Teig in eine Springform (26 cm, mit Backpaper belegt, gefettet) geben und glatt streichen. Die Form auf dem Rost in den vorgeheizten Backofen schieben. Den Apfelmuskuchen **etwa 55 Minuten backen.**

5. Die Form auf einen Kuchenrost stellen. Den restlichen kalt gestellten Schmand verrühren und auf den heißen Kuchen streichen. Den Kuchen erkalten lassen.

6. Für die Krokantmasse Haferflocken und Sonnenblumenkerne in einer Pfanne ohne Fett unter Rühren goldbraun rösten und aus der Pfanne nehmen. Zucker in die Pfanne geben und schmelzen lassen. Die Haferflocken-Mischung wieder in die Pfanne geben und mit dem Zucker goldbraun karamellisieren. Die Krokantmasse auf ein Stück Backpapier geben und erkalten lassen. Dann mit den Händen zerkrümeln und auf den Kuchen streuen.

EIERLIKÖR-PFLAUMEN-KUCHEN

MIT ALKOHOL

ZUBEREITUNGSZEIT:
35 Minuten, ohne Abkühlzeit

BACKZEIT:
etwa 65 Minuten

ZUTATEN FÜR 15 STÜCKE (1 TASSE = 150 ML)

FÜR DEN RÜHRTEIG:
1 Pck. (250 g) Butter (zimmerwarm) oder Margarine
1 Tasse (150 g) Zucker
1 Prise Salz
1 Pck. Vanillin-Zucker
3 Eier (Größe M)
2 Tassen (200 g) Weizenmehl
1 Tasse (100 g) Speisestärke
½ Pck. Backpulver
⅔ Tasse (100 ml) Eierlikör
½ Tasse (100 g) Pflaumenmus
4 EL gehackte Mandeln

ZUM BESTÄUBEN:
2 EL Puderzucker

ZUSÄTZLICH:
Semmelbrösel für die Form

PRO STÜCK:
E: 4 g, F: 18 g, Kh: 33 g, kcal: 317

1. Den Backofen vorheizen.
Ober-/Unterhitze: etwa 180 °C
Heißluft: etwa 160 °C

2. Für den Teig Butter oder Margarine mit einem Mixer (Rührstäbe) auf höchster Stufe geschmeidig rühren. Nach und nach Zucker, Salz und Vanillin-Zucker unterrühren. So lange rühren, bis eine gebundene Masse entstanden ist.

3. Eier einzeln unterrühren (jedes Ei etwa ½ Minute). Mehl mit Speisestärke und Backpulver mischen, abwechselnd mit dem Eierlikör in mehreren Portionen kurz auf mittlerer Stufe unterrühren.

4. Pflaumenmus mit Mandeln verrühren. Ein Drittel des Teiges in eine Kastenform (25 x 11 cm, mit Semmelbröseln ausgestreut) geben. Die Hälfte der Pflaumenmus-Masse auf dem Teig verteilen, jedoch nicht bis an den Rand der Form, damit der Kuchen nicht in der Form haften bleibt. Wieder ein Drittel des Teiges daraufgeben. Restliche Pflaumenmus-Masse darauf verteilen und mit dem restlichen Teig bestreichen. Die Form auf dem Rost in den vorgeheizten Backofen schieben. Den Kuchen **etwa 65 Minuten backen.**

5. Die Form auf einen Kuchenrost stellen. Den Kuchen etwa 10 Minuten in der Form abkühlen lassen, dann aus der Form stürzen, wieder umdrehen und auf einem mit Backpapier belegten Kuchenrost erkalten lassen.

6. Den Kuchen mit Puderzucker bestäuben.

TIPPS:
Wenn Sie noch einen Kuchen für den Adventskaffee brauchen, backen Sie den Teig in einer kleinen Stern- oder Springform (Ø etwa 24 cm). Das Pflaumenmus können Sie zusätzlich mit ½ Teelöffel Pfeffer- oder Lebkuchengewürz aromatisieren.

GETRÄNKTER SCHOKO-GEWÜRZKUCHEN

ZUBEREITUNGSZEIT:
15 Minuten, ohne Abkühlzeit

BACKZEIT:
etwa 50 Minuten

ZUTATEN FÜR 10 STÜCKE (1 TASSE = 200 ML)

FÜR DEN SCHÜTTELTEIG:
½ Pck. (125 g) Butter
2 Tassen (300 g) Weizenmehl
4 gestr. EL gesiebtes Kakaopulver
3 gestr. TL Backpulver
1 Tasse (200 g) Zucker
1 Pck. Vanillin-Zucker
2 gestr. TL Lebkuchengewürz
4 Eier (Größe M)
1 ½ Tassen Schlagsahne (mind. 30 % Fett)

FÜR DEN SIRUP:
1 Tasse Wasser
½ Tasse (100 g) Zucker
1 Pck. ger. Orangenschale

ZUSÄTZLICH:
Puderzucker zum Bestäuben

PRO STÜCK:
E: 7 g, F: 24 g, Kh: 55 g, kcal: 462

1. Den Backofen vorheizen.
Ober-/Unterhitze: etwa 180 °C
Heißluft: etwa 160 °C

2. Für den Teig Butter zerlassen und abkühlen lassen. Mehl mit Kakao und Backpulver in eine verschließbare Schüssel (3-Liter-Inhalt) geben und mischen. Dann mit Zucker, Vanillin-Zucker und Lebkuchengewürz vermischen. Eier, Sahne und flüssige Butter hinzufügen und die Schüssel mit dem Deckel fest verschließen.

3. Schüssel mehrmals (insgesamt 15–30 Sekunden) kräftig schütteln, sodass alle Zutaten gut vermischt sind. Alles mit einem Schneebesen oder Rührlöffel nochmals sorgfältig durchrühren, damit trockene Zutaten vom Rand und Deckel mit untergerührt werden.

4. Den Teig in eine Gugelhupfform (Ø 22 cm, gefettet) geben und glatt streichen. Die Form auf dem Rost in den vorgeheizten Backofen schieben. Den Kuchen **etwa 50 Minuten backen.**

5. Die Form auf einen Kuchenrost stellen. Den Kuchen etwa 10 Minuten in der Form abkühlen lassen. In der Zwischenzeit für den Sirup Wasser mit Zucker und Aroma in einem Topf unter gelegentlichem Rühren etwa 5 Minuten kochen lassen.

6. Den heißen Kuchen in der Form dicht an dicht mit einem Holzstäbchen einstechen und mit dem Sirup beträufeln. Wenn die gesamte Flüssigkeit aufgesogen ist, den Kuchen vorsichtig auf eine Platte stürzen und erkalten lassen.

7. Vor dem Servieren den Gewürzkuchen mit Puderzucker bestäuben.

HASELNUSS-GUGELHUPF

ZUBEREITUNGSZEIT:
20 Minuten, ohne Abkühlzeit

BACKZEIT:
etwa 70 Minuten

ZUTATEN FÜR 14 STÜCKE

ZUM VORBEREITEN:
1 Becher (150 g) Sahne-Joghurt oder Joghurt mit Nussgeschmack (zimmerwarm)

FÜR DEN TEIG:
5 Eier (Größe M)
1 ½ Becher (225 g) Zucker
1 Pck. Vanillin-Zucker
1 Prise Salz
1 Becher (85 g) Weizenmehl
1 Pck. Backpulver
½ Becher (50 g) gehackte Haselnusskerne
1 Tüte (200 g) gem. Haselnusskerne
1 Pck. (100 g) Raspelschokolade (nach Belieben weiß, Vollmilch oder Zartbitter)
¾ Becher (150 ml) Sonnenblumenöl

ZUM BESTÄUBEN:
1 TL Puderzucker

PRO STÜCK:
E: 6 g, F: 27 g, Kh: 27 g, kcal: 382

1. Zum Vorbereiten Joghurt in eine kleine Schüssel geben. Joghurtbecher auswaschen und abtrocknen. Becher zum Abmessen verwenden.

2. Den Backofen vorheizen.
Ober-/Unterhitze: etwa 180 °C
Heißluft: etwa 160 °C

3. Für den Teig Eier, Zucker, Vanillin-Zucker und Salz in einer Rührschüssel mit dem Mixer (Rührstäbe) oder in der Küchenmaschine (Rührbesen) auf höchster Stufe in etwa 5 Minuten dickschaumig aufschlagen, bis sich der Zucker ganz gelöst hat.

4. Mehl und Backpulver mischen. Gehackte sowie gemahlene Nusskerne und Raspelschokolade untermischen.

5. Sonnenblumenöl oder Butter und Joghurt kurz unter die Eier-Zucker-Masse mixen. Nuss-Mehl-Mischung in 2 Portionen kurz unterrühren. Den Teig in eine Napfkuchen-Bundform (Ø 22 cm, gefettet, bemehlt) füllen.

6. Die Form auf dem Rost in den vorgeheizten Backofen schieben. Den Kuchen in **etwa 70 Minuten goldbraun backen** (Stäbchenprobe!). Nach etwa 30 Minuten mit Backpapier bedecken, damit der Kuchen nicht zu stark bräunt.

7. Die Form auf einen Kuchenrost setzen. Den Kuchen etwa 20 Minuten in der Form abkühlen lassen. Dann den Kuchen vorsichtig aus der Form auf einen Kuchenrost (mit Backpapier oder Butterbrotpapier belegt) stürzen. Den Kuchen erkalten lassen. Nach Belieben mit Puderzucker bestäubt servieren.

TIPP:
Für einen feinen Schokoguss 2 Tafeln (je 100 g) Vollmilch-Schokolade hacken, in einer Schüssel im Wasserbad bei schwacher Hitze unter Rühren schmelzen. 1 Teelöffel Kokos- oder Sonnenblumenöl gut unterrühren. Den Kuchen mit dem Guss überziehen, Guss trocknen lassen.

HOLUNDERBLÜTEN-PFIRSICH-KUCHEN

ZUBEREITUNGSZEIT:
30 Minuten, ohne Abkühl- und Trockenzeit

BACKZEIT:
etwa 50 Minuten

ZUTATEN FÜR 16 STÜCKE (1 TASSE = 150 ML)

ZUM VORBEREITEN
- ½ Dose (240 g) abgetropfte Pfirsichhälften (oder frische abgezogene)

FÜR DEN TEIG:
- 3 Tassen (300 g) Weizenmehl
- 3 gestr. TL Backpulver
- 1 Tasse (150 ml) flüssige Butter oder Speiseöl, z. B. Rapsöl
- 1 Tasse (100 g) Zucker
- 1 Tasse (150 ml) Holunderblütensirup
- 4 Eier (Größe M)
- 2 TL ger. Bio-Zitronenschale (unbehandelt, ungewachst)

FÜR DEN GUSS:
- ⅓ Pck. (83 g) Puderzucker
- 1–2 EL Zitronensaft oder Holunderblütensirup

PRO STÜCK:
E: 5 g, F: 9 g, Kh: 45 g, kcal: 285

1. Den Backofen vorheizen.
Ober-/Unterhitze: etwa 175 °C
Heißluft: etwa 155 °C

2. Pfirsichhälften mit Küchenpapier trocken tupfen und in feine Stückchen schneiden. Zunächst Mehl und Zucker mithilfe der Tasse abmessen. Dann Sirup, Butter oder Pflanzenöl darin abmessen.

3. Für den Teig Mehl und Backpulver in einer Rührschüssel mischen. Butter oder Speiseöl, Zucker, Sirup, Eier und Zitronenschale hinzufügen. Die Zutaten mit einem Mixer (Rührstäbe) zunächst kurz auf niedrigster Stufe, dann auf höchster Stufe in etwa ½ Minute zu einem glatten Teig verrühren. Pfirsichstückchen unterheben.

4. Den Teig in eine Kastenform (30 x 11 cm, gefettet, bemehlt) geben. Die Form auf dem Rost in den vorgeheizten Backofen schieben. Den Kuchen **etwa 50 Minuten backen** (Stäbchenprobe!).

5. Die Form auf einen Kuchenrost setzen. Den Kuchen in der Form etwa 30 Minuten abkühlen lassen. Dann den Kuchen auf einen Kuchenrost (mit Backpapier belegt) stürzen und vollständig erkalten lassen.

6. Den Kuchen dann vorsichtig aus der Form lösen.

7. Für den Guss Puderzucker mit Zitronensaft oder Sirup zu einem dickflüssigen Guss verrühren. Den Kuchen mit dem Guss überziehen und trocknen lassen.

TIPPS:
Den Holunderblütensirup können Sie auch durch die gleiche Menge Zitronensirup ersetzen.
Garnieren Sie den Kuchen mit Orangenzesten einer Bio-Orange (s. Foto).

KÄSEKUCHEN

ZUBEREITUNGSZEIT:
10 Minuten, ohne Kühlzeit

BACKZEIT:
etwa 55 Minuten

ZUTATEN FÜR 16 STÜCKE

ZUM VORBEREITEN:
1 Becher (250 g) Schmand
3 Becher (je 250 g) Speisequark (20 oder 40 % Fett)

1 Becher (250 g) Zucker
2 Pck. Pudding-Pulver Vanille- oder Sahne-Geschmack /alternativ ⅓ Becher (60 g) Speisestärke
fein abger. Schale und Saft von 1 Bio-Zitrone (unbehandelt, ungewachst)
5 Eier (Größe M)

PRO STÜCK:
E: 8 g, F: 7 g, Kh: 22 g, kcal: 190

1. Zum Vorbereiten Schmand und Quark in eine Rührschüssel geben. Schmand-Becher auswaschen, abtrocknen und zum Abmessen verwenden.

---

2. Den Backofen vorheizen.
Ober-/Unterhitze: etwa 180 °C
Heißluft: etwa 160 °C

---

3. Zucker, Pudding-Pulver oder Speisestärke, Zitronensaft und -schale zur Schmand-Quark-Masse in die Rührschüssel geben. Die Zutaten mit einem Mixer (Rührstäbe) auf mittlerer Stufe glatt verrühren.

---

4. Die Eier einzeln kurz unterrühren, sodass alles glatt vermischt ist. Die Schmand-Quark-Creme in eine Springform (Ø 24–26 cm, mit Backpapier belegt) geben und glatt streichen. Die Form auf dem Rost in den vorgeheizten Backofen schieben. Den Kuchen **etwa 30 Minuten backen.** Die Form für 5 Minuten aus dem Ofen nehmen. Dann für **15 Minuten weiterbacken.** Wieder für 5 Minuten herausnehmen. Den Kuchen in den Backofen schieben und in **etwa 10 Minuten fertig backen.**

---

5. Nach der Backzeit den Backofen ausschalten, die Ofentür einen Spalt öffnen, damit der Dampf entweichen kann. Den Kuchen im Backofen auskühlen lassen.

---

6. Vor dem Servieren, den Käsekuchen für 2 Stunden in den Kühlschrank stellen. Alternativ den Kuchen über Nacht im ausgekühlten Backofen stehen lassen. Hintergrund: Das langsame Abkühlen verhindert, dass der Kuchen in sich zusammenfällt.

TIPPS:
Für einen schnellen Krümelboden 150 g Weizenmehl, 1 gestrichenen Teelöffel Backpulver, 1 Prise Salz und 75 g Zucker mischen. 80 g Butter in Stückchen hinzugeben und alles zu Streuseln verkneten. Streusel in der Springform (Ø 24–26 cm, mit Backpapier belegt) zu einem Boden andrücken. Den Kuchen dann auf unterer Einschubleiste bei gleicher Backofentemperatur und Backzeit backen. Laktose- und glutenfrei wird der Kuchen bei der Verwendung von latosefreiem Quark und Schmand.

MACADAMIANUSS-KUCHEN

ZUBEREITUNGSZEIT:
45 Minuten, ohne Abkühlzeit

BACKZEIT:
etwa 30 Minuten

ZUTATEN FÜR 12 STÜCK (1 TASSE = 150 ML)

FÜR DEN BISKUITTEIG:
1 Tafel (100 g) Trauben-Nuss-Schokolade
1 Pck. (80 g) geröstete, gesalzene Macadamianusskerne
3 Eier (Größe M)
2 EL heißes Wasser
2/3 Tasse (100 g) Zucker
1 Pck. Vanillin-Zucker
1 ½ Tassen (150 g) Weizenmehl
1 gestr. EL Speisestärke
2 gestr. TL Backpulver
5 EL Speiseöl, z. B. Rapsöl

FÜR DEN BELAG:
2 Becher (400 g) Schlagsahne (mind. 30 % Fett)
1 ½ EL Puderzucker
1 ½ Pck. Sahnesteif

ZUM VERZIEREN UND GARNIEREN:
½ Pck. (50 g) dunkle Kuchenglasur
1 Handvoll (100 g) rote, kernlose Weintrauben

PRO STÜCK:
E: 5 g, F: 22 g, Kh: 28 g, kcal: 334

1. Den Backofen vorheizen.
Ober-/Unterhitze: etwa 180 °C
Heißluft: etwa 160 °C

2. Für den Teig Schokolade und Macadamianusskerne fein hacken. Eier und Wasser in einer Rührschüssel mit dem Mixer (Rührstäbe) auf höchster Stufe in 1 Minute schaumig schlagen. Zucker und Vanillin-Zucker mischen, in 1 Minute einstreuen, dann noch etwa 2 Minuten schlagen.

4. Mehl mit Speisestärke und Backpulver mischen und kurz auf niedrigster Stufe unterrühren. Speiseöl, fein gehackte Nusskerne und Schokolade vorsichtig unterheben.

5. Den Teig in eine Springform (Ø 26 cm, mit Backpapier belegt) füllen. Die Form auf dem Rost in den vorgeheizten Backofen schieben. Den Biskuitboden **etwa 30 Minuten backen.**

6. Die Form auf einen Kuchenrost stellen. Den Biskuitboden etwa 10 Minuten in der Form abkühlen lassen, dann aus der Form lösen und auf einen mit Backpapier belegten Kuchenrost stürzen. Mitgebackenes Backpapier entfernen. Biskuitboden erkalten lassen.

7. Für den Belag die Sahne mit Puderzucker und Sahnesteif steif schlagen. Die Sahne auf den Biskuitboden geben und kuppelartig verstreichen.

8. Zum Verzieren und Garnieren Kuchenglasur in einem kleinen Topf nach Packungsanleitung schmelzen, etwas abkühlen lassen. Belag mit Kuchenglasur besprenkeln.

9. Weintrauben heiß abspülen, trocken tupfen und halbieren. Weintrauben auf die Sahne legen.

TIPP:
Garnieren Sie den Kuchen zusätzlich mit grob gehackten Macadamianusskernen und einige Stücke Trauben-Nuss-Schokolade (s. Foto).

MARMOR-BECHERKUCHEN

ZUBEREITUNGSZEIT:
25 Minuten, ohne Abkühlzeit

BACKZEIT:
etwa 50 Minuten

ZUTATEN FÜR 15 STÜCKE

FÜR DEN ALL-IN-TEIG:
1 Becher (150 g) saure Sahne
2 Becher (200 g) Weizenmehl
3 gestr. TL Backpulver
1 Becher (150 g) Zucker
1 Pck. Vanillin-Zucker
3 Eier (Größe M)
½ Pck. (150 g) Butter (zimmerwarm)
1 leicht geh. EL Kakaopulver

ZUM VERZIEREN:
½ Tafel (50 g) Zartbitter-Schokolade
1 TL Speiseöl, z. B. Sonnenblumenöl

PRO STÜCK:
E: 3 g, F: 12 g, Kh: 22 g, kcal: 217

1. Den Backofen vorheizen.
Ober-/Unterhitze: etwa 180 °C
Heißluft: etwa 160 °C

2. Für den Teig saure Sahne in ein Schälchen geben, den Becher abwaschen, abtrocknen und zum Abmessen der Zutaten verwenden. Mehl mit Backpulver in einer Rührschüssel vermischen. Zucker, Vanillin-Zucker, Eier, Butter und saure Sahne hinzufügen. Die Zutaten mit einem Mixer (Rührstäbe) erst kurz auf niedrigster, dann auf höchster Stufe in etwa 2 Minuten zu einem glatten Teig verarbeiten.

3. Die Hälfte des Teiges in die Kastenform (25 x 11 cm, gefettet, bemehlt) füllen. Den Kakao auf den restlichen Teig sieben und unterrühren. Den dunklen Teig auf dem hellen Teig verteilen. Eine Gabel spiralförmig durch die Teigschichten ziehen, sodass ein Marmormuster entsteht. Die Form im unteren Drittel auf dem Rost in den vorgeheizten Backofen schieben. Den Kuchen **etwa 50 Minuten backen.**

4. Den Kuchen 10 Minuten in der Form stehen lassen, dann aus der Form lösen und auf einem mit Backpapier belegten Kuchenrost erkalten lassen.

5. Zum Verzieren Schokolade in kleine Stücke brechen und mit Speiseöl in einem kleinen Topf im Wasserbad bei schwacher Hitze unter Rühren schmelzen. Die Schokolade mit einem kleinen Löffel über den Kuchen sprenkeln und fest werden lassen.

MARZIPAN-KIRSCH-GUGELHUPF

ZUBEREITUNGSZEIT:
15 Minuten, ohne Abkühlzeit

BACKZEIT:
60–70 Minuten

ZUTATEN FÜR 12 STÜCK (1 TASSE = 150 ML)

FÜR DEN ALL-IN-TEIG:
370 g abgetropfte Sauerkirschen (aus dem Glas)
1 Pck. (200 g) Marzipan-Rohmasse
2 Tassen (200 g) Weizenmehl
2 gestr. TL Backpulver
1 1/2 Tassen (225 g) Zucker
1 Prise Salz
1 Pck. Vanillin-Zucker
3 Eier (Größe M)
1 Tasse (150 ml) Speiseöl, z. B. Rapsöl
½ Tasse (75 ml) Mineralwasser mit Kohlensäure

ZUM BESTÄUBEN:
Puderzucker

ZUSÄTZLICH:
Semmelbrösel für die Form

PRO STÜCK:
E: 6 g, F: 20 g, Kh: 45 g, kcal: 385

1. Für den Teig die Sauerkirschen evtl. mit Küchenpapier trocken tupfen. Marzipan in kleine Würfel schneiden.

---

2. Den Backofen vorheizen.
Ober-/Unterhitze: etwa 180 °C
Heißluft: etwa 160 °C

---

3. Mehl und Backpulver in einer Rührschüssel mischen. Marzipanwürfel, Zucker, Salz, Vanillin-Zucker, Eier, Speiseöl und Mineralwasser hinzufügen. Die Zutaten mit einem Mixer (Rührstäbe) zunächst kurz auf niedrigster, dann auf höchster Stufe in etwa 2 Minuten zu einem glatten Teig verarbeiten.

---

4. Die Hälfte des Teiges in eine Gugelhupfform (Ø 22 cm, gefettet, mit Semmelbröseln ausgestreut) füllen und glatt streichen. Die Hälfte der Kirschen auf den Teig geben. Restlichen Teig und restliche Kirschen auf die gleiche Weise in die Form füllen. Die Form auf dem Rost in den vorgeheizten Backofen schieben. Den Gugelhupf **60–70 Minuten backen.**

---

5. Die Form auf einen Kuchenrost stellen. Den Gugelhupf etwa 10 Minuten in der Form abkühlen lassen, dann aus der Form auf einen mit Backpapier belegten Kuchenrost stürzen. Den Kuchen erkalten lassen und mit Puderzucker bestäuben.

TIPP:
Sehr lecker schmeckt der Kuchen auch, wenn Sie ihn mit einer Schokoladenglasur überziehen.

MOHNKUCHEN MIT JOHANNISBEEREN

ZUBEREITUNGSZEIT:
35 Minuten, ohne Abkühlzeit

BACKZEIT:
etwa 30 Minuten

ZUTATEN FÜR 12 STÜCKE

ZUM VORBEREITEN:
1 Becher (150 ml) Joghurt (3,5 % Fett)

FÜR DEN SCHÜTTELTEIG:
3 Becher (330 g) Weizenmehl
2 gestr. TL Backpulver
1 Becher (150 g) Zucker
2 Pck. Vanillin-Zucker
1 Msp. Salz
1 Pck. ger. Zitronenschale
3 Eier (Größe M)
gut 1 Becher (150 ml) Speiseöl
½ Becher (50 g) Mohnsamen

FÜR DEN BELAG:
1 Pck. ungezuckerter Tortenguss, rot
2 EL Zucker
6 EL Kirschsaft
6 EL Johannisbeersaft
300 g TK-Johannisbeeren

ZUM BESTÄUBEN:
Puderzucker

PRO STÜCK:
E: 7 g, F: 17 g, Kh: 44 g, kcal: 389

1. Zum Vorbereiten Joghurt in eine Schüssel geben und beiseitestellen. Den Becher auswaschen, abtrocknen und zum Abmessen verwenden.

2. Den Backofen vorheizen.
Ober-/Unterhitze: etwa 180 °C
Heißluft: etwa 160 °C

3. Für den Teig Mehl mit Backpulver in einer verschließbaren Schüssel (3-Liter-Inhalt) mischen. Zucker, Vanillin-Zucker, Salz und Zitronenschale untermischen. Eier, Speiseöl und den beiseitegestellten Joghurt hinzufügen. Schüssel mit dem Deckel fest verschließen.

4. Mehrmals (insgesamt 15–30 Sekunden) kräftig schütteln, sodass alle Zutaten gut vermischt sind. Mohnsamen hinzugeben. Alles mit einem Schneebesen oder Rührlöffel nochmals sorgfältig durchrühren, damit vor allem trockene Zutaten vom Rand und Deckel mit untergerührt werden. Den Teig in eine Springform (Ø 26 cm, Boden gefettet, gemehlt) geben und glatt streichen.

5. Für den Belag Tortengusspulver mit Zucker, Kirsch- und Johannisbeersaft verrühren. Den Guss in einem Topf erhitzen. Die gefrorenen Johannisbeeren vorsichtig unterrühren. Die Johannisbeermasse auf dem Teigboden verteilen und mit einer Gabel spiralförmig unter den Teig ziehen. Die Form auf dem Rost in den vorgeheizten Backofen schieben. Den Kuchen **etwa 30 Minuten backen.**

6. Die Form auf einen Kuchenrost stellen. Den Kuchen etwa 10 Minuten in der Form stehen lassen, dann aus der Form lösen und auf einem Kuchenrost erkalten lassen.

7. Zum Garnieren Johannisbeeren abspülen, trocken tupfen und entstielen. Melisse-Blättchen abspülen und trocken tupfen. Die Kuchenoberfläche mit Johannisbeeren und Melisse-Blättchen garnieren. Mit Puderzucker bestäuben.

TIPPS:
Der Kuchen wird besonders aromatisch, wenn Sie den Kirschsaft durch die gleiche Menge Kirschwasser ersetzen.
Garnieren Sie den Kuchen zusätzlich mit 2 Handvoll (125 g) frische Johannisbeeren und mit einigen Zitronenmelisse-Blättchen.

MÖHREN-TASSENKUCHEN

ZUBEREITUNGSZEIT:
15 Minuten

BACKZEIT:
etwa 50 Minuten

ZUTATEN FÜR 15 STÜCKE (1 TASSE = ETWA 150 ML)

FÜR DEN ALL-IN-TEIG:
3 Tassen (300 g) Weizenmehl
2 gestr. TL Backpulver
1 Tasse (150 g) Zucker
2 Pck. Vanillin-Zucker
1 gestr. TL Zimt
1 Pr. Salz
1 Tasse (150 g) Speiseöl, z. B. Rapsöl
2 Eier (Größe M)
2 Tassen (250 g) fein geriebene Möhren
1 EL Zitronensaft
1 Tasse (50 g) gem. Haselnusskerne

FÜR DEN GUSS:
1 ½ Tasse (120 g) gesiebter Puderzucker
1–2 EL Zitronensaft

PRO STÜCK:
E: 6 g, F: 13 g, Kh: 22 g, kcal: 233

1. Den Backofen vorheizen.
Ober- /Unterhitze: 180 °C
Heißluft: etwa 160 °C

2. Für den Teig das Mehl mit Backpulver in eine verschließbare Schüssel (etwa 3-Liter-Inhalt) geben und mischen. Mit Zucker, Vanillin-Zucker, Zimt und Salz mischen. Speiseöl und Eier hinzufügen. Die Schüssel mit dem Deckel fest verschließen. Schüssel mehrmals kräftig schütteln (insgesamt 15–30 Sekunden), sodass alle Zutaten gut vermischt sind. Möhren, Zitronensaft und Haselnusskerne hinzugeben.

3. Alles mit einem Schneebesen oder Rührlöffel nochmals sorgfältig durchrühren, damit trockene Zutaten vom Rand mit untergerührt werden.

4. Den Teig in eine Kastenform (30 x 11 cm, gefettet, mit Backpapier belegt) geben. Die Form auf dem Rost in den Backofen schieben und **etwa 50 Minuten backen.**

5. Den fertigen Kuchen etwa 10 Minuten in der Form stehen lassen, dann aus der Form lösen und auf einem Kuchenrost erkalten lassen.

6. Für den Guss Puderzucker und Zitronensaft zu einer dickflüssigen Masse verrühren. Den Kuchen mit dem Guss überziehen und fest werden lassen.

TIPP:
Den Kuchen gern zusätzlich verzieren. Dafür 1 Pck. (25 g) gehackte Pistazienkerne auf den noch weichen Zuckerguss streuen. Oder kleine Marzipan-Möhrchen auf den Zuckerguss setzen.

NEKTARINENKUCHEN

ZUBEREITUNGSZEIT:
30 Minuten, ohne Abkühlzeit

BACKZEIT:
etwa 60 Minuten

ZUTATEN FÜR 12 STÜCKE (1 TASSE = 200 ML)

ZUM VORBEREITEN:
4–5 Nektarinen (etwa 750 g)
2 EL Zitronensaft

FÜR DEN ALL-IN-TEIG:
2 ½ Tassen (250 g) Weizenmehl
2 gestr. TL Backpulver
½ Tasse (75 g) Zucker
2 Pck. Vanillin-Zucker
1 Prise Salz
1 Pck. ger. Zitronenschale
3 Eier (Größe M)
½ Pck. (125 g) Butter (zimmerwarm) oder Margarine
Saft von 1 Zitrone
knapp 1 Tasse (150 g) Schlagsahne
1 Pck. (100 g) abgezogene, gem. Mandeln

ZUM BESTREUEN:
1 Pck. (50 g) gehobelte Mandeln

PRO STÜCK:
E: 7 g, F: 21 g, Kh: 30 g, kcal: 345

1. Zum Vorbereiten die Nektarinen abspülen, trocken tupfen, halbieren, entsteinen und in Spalten schneiden. Nektarinenspalten mit Zitronensaft beträufeln und etwas durchziehen lassen.

2. Den Backofen vorheizen.
Ober-/Unterhitze: etwa 180 °C
Heißluft: etwa 160 °C

3. Für den Teig Mehl mit Backpulver in einer Rührschüssel mischen. Restliche Zutaten für den Teig hinzufügen und mit einem Mixer (Rührstäbe) zunächst kurz auf niedrigster, dann auf höchster Stufe in etwa 2 Minuten zu einem glatten Teig verarbeiten.

4. Den Teig in eine Springform (Ø 26 cm, Boden gefettet) geben und glatt streichen. Die Nektarinenspalten auf den Teig legen und mit Mandeln bestreuen. Die Form auf dem Rost in den vorgeheizten Backofen schieben. Den Kuchen **etwa 60 Minuten backen.**

5. Die Form auf einen Kuchenrost stellen. Den Kuchen in der Form erkalten lassen. Dann den Kuchen aus der Form lösen und auf eine Tortenplatte legen.

TIPPS:
Statt mit Nektarinen können Sie den Kuchen auch mit nicht zu weichen Pfirsichen, mit Reneclauden, Mirabellen oder Pflaumen backen. Den fertigen Kuchen mit weißer Schokolade toppen. Dafür ½ Tafel (50 g) hacken, in einer kleinen Schüssel in einem Topf im warmen Wasserbad schmelzen und mit einem Löffel über den Kuchen träufeln.

NUSS-NOUGAT-KUCHEN

ZUBEREITUNGSZEIT:
20 Minuten, ohne Abkühlzeit

BACKZEIT:
etwa 35 Minuten

ZUTATEN FÜR 11 STÜCKE (1 TASSE = 150 ML INHALT)

FÜR DEN QUARK-ÖL-TEIG:
3 Tassen (300 g) Weizenmehl
1 Pck. Backpulver
1 Tasse (150 g) Magerquark
¾ Tasse (75 ml) Milch (3,5 % Fett)
¾ Tasse (75 ml) Speiseöl, z. B. Rapsöl
¾ Tasse (100 g) Zucker
1 Pck. Vanillin-Zucker
1 Prise Salz

FÜR DEN BELAG:
¾ Glas (300 g) streichfähige Nuss-Nougatcreme
1 ¾ Tasse (150 g) gehackte, geröstete Haselnusskerne
4 EL brauner Zucker
¼ Pck. (60 g) Butter

PRO STÜCK:
E: 8 g, F: 29 g, Kh: 52 g, kcal: 509

1. Den Backofen vorheizen.
Ober-/Unterhitze: etwa 180 °C
Heißluft: etwa 160 °C

2. Für den Teig Mehl und Backpulver in einer Rührschüssel mischen. Quark, Milch, Speiseöl, Zucker, Vanillin-Zucker und Salz hinzufügen. Die Zutaten mit einem Mixer (Knethaken) zunächst kurz auf niedrigster, dann auf höchster Stufe in etwa 1 Minute zu einem Teig verarbeiten (nicht zu lange kneten, Teig klebt sonst!).

3. Den Teig auf einer leicht bemehlten Arbeitsfläche kurz durchkneten und dann zu einem Rechteck (etwa 30 x 40 cm) ausrollen.

4. Für den Belag den Teig mit der Nougatcreme bestreichen, dabei rundherum einen etwa 4 cm breiten Rand frei lassen. Mit Nusskernen und Zucker bestreuen. Die Butter in feine Scheibchen schneiden und gleichmäßig darauflegen.

5. Die Teigplatte von der langen Seite aus aufrollen, in 9 etwa 6 cm breite Scheiben schneiden. Scheiben mit den Schnittflächen nach oben dicht an dicht in eine Springform (Ø 26 cm, gefettet oder mit Backpapier belegt) setzen.

6. Die Form auf dem Rost in den vorgeheizten Backofen schieben. Den Nuss-Nougat-Kuchen in **etwa 35 Minuten goldbraun backen.**

7. Die Form auf einen Kuchenrost setzen. Den Kuchen etwa 15 Minuten in der Form abkühlen lassen. Dann aus der Form lösen und am besten noch leicht ofenwarm genießen.

ORANGEN-MOHN-SIRUP-KUCHEN

ZUBEREITUNGSZEIT:
45 Minuten, ohne Quell- und Abkühlzeit

BACKZEIT:
etwa 45 Minuten

ZUTATEN FÜR 12 STÜCK (1 TASSE = 200 ML)

ZUM VORBEREITEN:
4 EL Mohnsamen
¾ Tasse (150 ml) Orangensaft

FÜR DEN TEIG:
knapp 1 Pck. (200 g) Butter oder Margarine
1 Tasse (150 g) Zucker
1 Prise Salz
1 TL ger. Bio-Orangenschale
4 Eier (Größe M)
3 Tassen (350 g) Weizenmehl
3 gestr. TL Backpulver
1 Pck. (100 g) blanchierte gem. Mandeln

FÜR DEN SIRUP:
1 ⅔ Tassen (225 g) Zucker
1 Tasse (200 ml) Orangensaft
5 EL Zitronensaft

PRO STÜCK:
E: 9 g, F: 22 g, Kh: 59 g, kcal: 491

1. Zum Vorbereiten Mohn in einer kleinen Schüssel mit Orangensaft übergießen und etwa 30 Minuten quellen lassen.

2. Den Backofen vorheizen.
Ober-/Unterhitze: etwa 180 °C
Heißluft: etwa 160 °C

3. Für den Teig Butter oder Margarine mit einem Mixer (Rührstäbe) auf höchster Stufe geschmeidig rühren. Nach und nach Zucker, Salz und Orangenschale unterrühren. So lange rühren, bis eine gebundene Masse entstanden ist.

4. Eier einzeln unterrühren (jedes Ei etwa ½ Minute). Mehl mit Backpulver mischen und portionsweise auf mittlerer Stufe unterrühren. Zuletzt Mandeln und die Mohn-Orangensaft-Mischung unterrühren.

5. Den Teig in eine Springform (26 cm, gefettet, mit Backpapier belegt) geben und glatt streichen. Die Form auf dem Rost in den vorgeheizten Backofen schieben. Den Kuchen **etwa 45 Minuten backen.**

6. Die Form auf einen Kuchenrost stellen. Den Kuchen etwa 10 Minuten in der Form abkühlen lassen, dann aus der Form lösen und auf einen Kuchenrost legen. Kuchenrost auf ein Backblech stellen. Den Kuchen mit einem Holzstäbchen mehrfach einstechen.

7. Für den Sirup Zucker, Orangen- und Zitronensaft in einem kleinen Topf mischen und erhitzen, bis der Zucker gelöst ist. Bei mittlerer Hitze etwa 2 Minuten ohne Deckel etwas einkochen lassen, dabei nicht umrühren!

8. Den Kuchen mit Sirup beträufeln, bis der gesamte Sirup vom Kuchen aufgesogen ist.

TIPP:
3 Bio-Orangen (unbehandelt, ungewachst) in dünne Scheiben schneiden und auf dem Kuchen anrichten.

PFIRSICHKUCHEN

ZUBEREITUNGSZEIT:
35 Minuten

BACKZEIT:
etwa 35 Minuten

ZUTATEN FÜR 12 STÜCKE (1 TASSE = 150 ML)

FÜR DEN RÜHRTEIG:
1 Tasse (150 g) Weizenmehl
2 gestr. TL Backpulver
½ Pck. (125 g) Butter (zimmerwarm) oder Margarine
½ Tasse (75 g) Zucker
1 Prise Salz
1 Pck. Vanillin-Zucker
1 gestr. TL ger. Orangenschale
2 Eier (Größe M)

FÜR DEN BELAG:
25 g gehackte Pistazienkerne
480 g abgetropfte Pfirsichhälften (aus der Dose)

ZUM BESTREICHEN UND BESTREUEN:
2 geh. EL Aprikosenkonfitüre
1 EL gehackte Pistazienkerne

PRO STÜCK:
E: 3 g, F: 11 g, KH: 27 g, kcal: 222

1. Den Backofen vorheizen.
Ober-/Unterhitze: etwa 200 °C
Heißluft: etwa 180 °C

2. Für den Teig Mehl und Backpulver in eine Schüssel geben und mit einem Schneebesen verrühren. Butter oder Margarine in eine Rührschüssel geben, mit einem Mixer (Rührstäbe) auf höchster Stufe geschmeidig rühren. Nach und nach Zucker, Salz, Vanillin-Zucker und Orangenschale unterrühren. So lange rühren, bis eine gebundene Masse entstanden ist.

3. Eier nach und nach unterrühren (jedes Ei etwa ½ Minute). Mehlgemisch in 2 Portionen unter die Eiermasse rühren. Den Teig in eine Springform (Ø 26 cm, gefettet) geben und glattstreichen. Pistazienkerne auf den Teig streuen. Die Pfirsichhälften mit der runden Seite nach oben auf dem Teig verteilen.

4. Die Form auf dem Rost in den vorgeheizten Backofen schieben und **etwa 35 Minuten backen.**

5. Die Form auf einen Kuchenrost stellen. Den Springformrand nach etwa 10 Minuten entfernen. Den Kuchen erkalten lassen.

6. Konfitüre in einem kleinen Topf unter Rühren aufkochen lassen und auf den Kuchen streichen (stückige Konfitüre nach dem Aufkochen durch ein Sieb streichen). Den Kuchen mit Pistazienkernen bestreuen. Die Konfitüre fest werden lassen.

TIPP:
Wenn der Belag etwas säuerlicher schmecken soll, verwenden Sie Aprikosen. Die abgetropften Aprikosenhälften (1 Dose, 480 g Abtropfgewicht) mit der gewölbten Seite nach unten auf den Teig legen und jeweils mit etwas geriebener Zitronenschale und einer geschälten Mandel füllen. Die Pistazien dafür weglassen.

PREISELBEER-GUGELHUPF

ZUBEREITUNGSZEIT:
35 Minuten, ohne Abkühlzeit

BACKZEIT:
etwa 60 Minuten

ZUTATEN FÜR 10 STÜCKE (1 TASSE = 200 ML)

ZUM VORBEREITEN:
1 Pck. (100 g) gestiftelte Mandeln

FÜR DEN RÜHRTEIG:
1 Pck. (250 g) Butter (zimmerwarm) oder Margarine
1 ½ Tassen (225 g) Zucker
1 Prise Salz
1 Pck. Vanillin-Zucker
4 Eier (Größe M)
4 Tassen (400 g) Weizenmehl
4 gestr. TL Backpulver
400 g gut abgetropfte Preiselbeeren (aus dem Glas)

ZUM BESTÄUBEN:
2–3 EL Puderzucker

PRO STÜCK:
E: 4, F: 14, Kh: 40, kcal: 178

1. Zum Vorbereiten die Mandeln in einer Pfanne ohne Fett unter Rühren goldbraun rösten. Mandeln erkalten lassen.

2. Den Backofen vorheizen.
Ober-/Unterhitze: etwa 180 °C
Heißluft: etwa 160 °C

3. Für den Teig Butter oder Margarine mit einem Mixer (Rührstäbe) auf höchster Stufe geschmeidig rühren. Nach und nach Zucker, Salz und Vanillin-Zucker unterrühren. So lange rühren, bis eine gebundene Masse entstanden ist.

4. Eier einzeln unterrühren (jedes Ei etwa ½ Minute). Mehl mit Backpulver mischen, in 2 Portionen kurz auf mittlerer Stufe unterrühren. Preiselbeeren und die gerösteten Mandeln kurz unterrühren.

5. Den Teig in eine Gugelhupfform (Ø 22 cm, gefettet) geben und glatt streichen. Die Form auf dem Rost in den vorgeheizten Backofen (unteres Drittel) schieben. Den Gugelhupf **etwa 60 Minuten backen.**

6. Die Form auf einen Kuchenrost stellen. Den Gugelhupf etwa 10 Minuten in der Form stehen lassen, dann aus der Form lösen und auf einen Kuchenrost stürzen. Den Gugelhupf erkalten lassen und mit Puderzucker bestäuben.

TIPPS:
Herzhafter schmeckt der Kuchen, wenn Sie statt der Mandeln grob gehackte Haselnusskerne rösten und unter den Teig rühren.
Den Kuchen nach Belieben nicht mit Puderzucker bestäuben, sondern mit Schokolade überziehen. Dafür 100 g helle oder dunkle Schokoladenglasur nach Packungsbeschreibung schmelzen und über den ausgekühlten Kuchen träufeln.

SCHNECKENSTRUDEL MIT PFLAUMEN-FÜLLUNG

ZUBEREITUNGSZEIT:
25 Minuten, ohne Abkühlzeit

TEIGGEH-/RUHEZEIT:
evtl. 30 Minuten

BACKZEIT:
etwa 45 Minuten

ZUTATEN FÜR 18 STÜCKE

ZUM VORBEREITEN:
½ Würfel (21 g) frische Hefe
1 EL (15 g) Zucker
1 Becher (150 g) Joghurt (3,5 % Fett, zimmerwarm)

FÜR DEN TEIG:
3 Becher (300 g) Weizenmehl (Type 550)
½ Pck. Backpulver
2 EL (30 g) Zucker
1 Pck. Vanillin-Zucker
1 Ei (Größe M), zimmerwarm
½ Becher (75 g) flüssige oder sehr weiche Butter

FÜR DEN BELAG:
½ Tüte (125 g) backfertige Mohncreme (z. B. Mohn-Back)
1 Ei (Größe M)
1 Pck. Vanillin-Zucker
4–5 EL (125 g) Pflaumenmus
75 g Butter (zimmerwarm)

PRO STÜCK:
E: 4 g, F: 10 g, Kh: 22 g, kcal: 195

1. Zum Vorbereiten Hefe fein zerbröseln, mit Zucker in einer Tasse flüssig verrühren, zugedeckt kurz stehen lassen.

2. In der Zwischenzeit den Joghurt in eine Rührschüssel geben. Becher auswaschen und abtrocknen. Becher zum Abmessen verwenden.

3. Für den Teig Mehl mit Backpulver in die Rührschüssel zum Joghurt geben. Zucker, Vanillin-Zucker, Ei, Butter und die angerührte Hefe hinzufügen. Die Zutaten mit einem Mixer (Rührstäbe) zunächst kurz auf niedrigster, dann auf höchster Stufe in etwa 5 Minuten zu einem Teig verkneten. Den Teig zugedeckt bei Zimmertemperatur etwa 30 Minuten gehen lassen. Der Teig kann aber auch sofort ohne Teiggehzeit weiter verarbeitet werden.

4. Den Backofen vorheizen.
Ober-/Unterhitze: etwa 180 °C
Heißluft: etwa 160 °C

5. Für den Belag Mohncreme, Ei und Vanillin-Zucker glatt verrühren. Den Teig auf der leicht bemehlten Arbeitsfläche quadratisch (etwa 35 x 35 cm) ausrollen. Mit der Mohncreme bestreichen, Pflaumenmus in kleinen Häufchen und 50 g Butter in Stückchen gleichmäßig darauf verteilen. Den Teig aufrollen und mit der Naht nach unten in eine Kastenform (30 x 11 cm, gefettet, bemehlt) legen. Die Oberfläche mit einem scharfen Messer kreuzweise fein einschneiden. Restliche Butter darauf verteilen und mit Mandeln bestreuen.

6. Die Form auf dem Rost in den vorgeheizten Backofen schieben. Den Schnecken-Pflaumenmus-Strudel in **etwa 45 Minuten goldbraun backen.**

7. Die Form auf einen Kuchenrost setzen. Den Strudel etwa 30 Minuten in der Form abkühlen lassen. Dann vorsichtig auf einen Kuchenrost (mit Backpapier belegt) stürzen und abkühlen lassen. Schmeck leicht ofenwarm serviert am besten.

TIPP:
Nach Belieben mit ½ TL gem. Zimt und 3 EL gehobelten Mandeln bestreuen.

SCHOKO-APRIKOSEN-KUCHEN

ZUBEREITUNGSZEIT:
25 Minuten

BACKZEIT:
etwa 55 Minuten

ZUTATEN FÜR 10 STÜCKE (1 TASSE = 200 ML)

ZUM VORBEREITEN:
¾ Pck. (etwa 190 g) Butter
½ Dose (240 g) abgetropfte Aprikosenhälften

FÜR DEN SCHÜTTELTEIG:
1 ½ Tassen (225 g) Weizenmehl
5 gestr. EL gesiebtes Kakaopulver
1 Pck. Backpulver
¾ Tasse (75 g) Haferflocken, blütenzart
¾ Tasse (150 g) Zucker
1 Pck. Vanillin-Zucker
6 Eier (Größe M)

FÜR DEN GUSS:
1 Tasse (etwa 100 g) Puderzucker
1–2 EL Aprikosensaft (aus der Dose)

PRO STÜCK:
E: 8 g, F: 20 g, Kh: 54 g, kcal: 440

1. Zum Vorbereiten Butter in einem Topf zerlassen und abkühlen lassen. Von den Aprikosenhälften den Saft auffangen und 2 Esslöffel davon für den Guss beiseitestellen. Die Aprikosenhälften in Stücke schneiden.

2. Den Backofen vorheizen.
Ober-/Unterhitze: etwa 180 °C
Heißluft: etwa 160 °C

3. Mehl mit Kakao und Backpulver in einer verschließbaren Schüssel (3-Liter-Inhalt) mischen, Haferflocken, Zucker und Vanillin-Zucker untermischen. Eier, flüssige Butter und Aprikosenstücke hinzufügen. Die Schüssel mit dem Deckel fest verschließen.

4. Schüssel mehrmals kräftig schütteln (insgesamt 15–30 Sekunden), sodass alle Zutaten gut vermischt sind. Alles mit einem Schneebesen oder Rührlöffel nochmals sorgfältig durchrühren, damit trockene Zutaten vom Rand und Deckel mit untergerührt werden.

5. Den Teig in eine Gugelhupfform (Ø 22 cm, gefettet) füllen und glatt streichen. Die Form auf dem Rost in den vorgeheizten Backofen schieben. Den Kuchen **etwa 55 Minuten backen.**

6. Die Form auf einen Kuchenrost stellen. Den Kuchen etwa 10 Minuten in der Form abkühlen lassen, dann auf einen Kuchenrost stürzen und erkalten lassen.

7. Für den Guss Puderzucker mit Saft zu einer dickflüssigen Masse verrühren, auf den Kuchen streichen und den Guss fest werden lassen.

TIPP:
Garnieren Sie den Kuchen zusätzlich mit Schokoherzen und getrockneten Aprikosen (s. Foto).

SCHOKO-KARAMELL-KUCHEN

ZUBEREITUNGSZEIT:
40 Minuten, ohne Abkühlzeit

BACKZEIT:
etwa 60 Minuten

ZUTATEN FÜR 15 STÜCKE (1 TASSE = 250 ML)

FÜR DEN TEIG:
- 1 Pck. (250 g) Butter (zimmerwarm) oder Margarine
- 1 Tasse (220 g) Zucker
- 1 Prise Salz
- 5 Eier (Größe M)
- 2 Tassen (340 g) Weizenmehl
- 2 gestr. TL Backpulver
- 3 gestr. TL gesiebtes Kakaopulver
- 1–2 EL Milch (3,5 % Fett)
- 1 Pck. Karamell-Süßigkeiten (100 g, z. B. Rolos®)

FÜR DEN GUSS:
- 2–3 TL gesiebtes Kakaopulver
- 2 EL heißes Wasser
- 4–5 EL Puderzucker

PRO STÜCK:
E: 5 g, F: 17 g, Kh: 38 g, kcal: 342

1. Den Backofen vorheizen.
Ober-/Unterhitze: etwa 180 °C
Heißluft: etwa 160 °C

2. Für den Teig Butter oder Margarine mit einem Mixer (Rührstäbe) auf höchster Stufe geschmeidig rühren. Nach und nach Zucker und Salz unterrühren. So lange rühren, bis eine gebundene Masse entstanden ist.

3. Eier einzeln unterrühren (jedes Ei etwa ½ Minute). Mehl mit Backpulver mischen und portionsweise auf mittlerer Stufe unterrühren. Den Teig halbieren. Kakaopulver mit Milch verrühren und unter eine Teighälfte rühren.

4. Mit einem Esslöffel abwechselnd den hellen und dunklen Teig in eine Kastenform (30 x 11 cm, gefettet, mit Backpapier belegt) geben. Auf jede Teigschicht einige Karamell-Süßigkeiten streuen. Die Form auf dem Rost in den vorgeheizten Backofen schieben. Den Kuchen **etwa 60 Minuten backen.**

5. Den Kuchen aus der Form lösen und auf einem Kuchenrost erkalten lassen.

6. Für den Guss Kakaopulver und Wasser verrühren. Den Puderzucker nach und nach unterrühren. Den Kuchen mit dem Guss bestreichen. Guss fest werden lassen.

TIPPS:
Verzieren Sie den Kuchen weiter, indem Sie einige Karamellsüßigkeiten und Schokokugeln (z. B. Maltesers®) oben auf den Guss legen (s. Foto).
50 g Schoko-Chunks oder 50 g grob gehackte Zartbitter-Kuvertüre unter den dunklen Teig rühren, um den Schokogeschmack zu verstärken.

VERSUNKENER MARMOR-BECHERKUCHEN

ZUBEREITUNGSZEIT:
25 Minuten, ohne Abkühlzeit

BACKZEIT:
etwa 65 Minuten

ZUTATEN FÜR 16 STÜCKE

ZUM VORBEREITEN:
1 Becher (250 g) Schmand (Sauerrahm)
½ Tafel (50 g) Zartbitter-Schokolade (etwa 50 % Kakaoanteil)

FÜR DEN TEIG:
½ Pck. (125 g) sehr weiche Butter
1 Prise Salz
1 Becher (250 g) Zucker
1 Pck. Bourbon-Vanille-Zucker
3 Eier (Größe M)
1 ¾ Becher (300 g) Weizenmehl
½ Pck. (3 gest. TL) Backpulver
1 EL (15 g) gesiebtes Kakaopulver

1 Pck. (300 g) vorbereitete Beeren
evtl. Puderzucker

PRO STÜCK:
E: 5 g, F: 12 g, Kh: 33 g, kcal: 264

1. Zum Vorbereiten den Schmand in eine Rührschüssel geben. Den Becher auswaschen und abtrocknen. Becher zum Abmessen verwenden. Schokolade in Stücke brechen, in einer kleinen Schüssel im Wasserbad bei schwacher Hitze unter Rühren schmelzen.

2. Den Backofen vorheizen.
Ober-/Unterhitze: etwa 180 °C
Heißluft: etwa 160 °C

3. Für den Teig Butter, Salz, Zucker und Vanille-Zucker in der Küchenmaschine oder mit einem Mixer (Rührstäbe) auf höchster Stufe hellcremig aufschlagen. Eier einzeln unterschlagen (jedes Ei etwa ½ Minute). Schmand hinzugeben und kurz unterrühren. Mehl und Backpulver mischen, auf die Creme geben und kurz auf mittlerer Stufe unterrühren.

4. Etwa die Hälfte des Teiges in eine Springform (Ø 26 cm, mit Backpapier belegt oder gefettet, bemehlt) geben und glatt streichen. Restlichen Teig mit der geschmolzenen Schokolade und Kakao verrühren, auf dem hellen Teig verteilen. Die Beerenmischung auf den Teig geben und etwas andrücken.

5. Die Form auf dem Rost in den vorgeheizten Backofen schieben. Den Kuchen **etwa 65 Minuten backen** (Stäbchenprobe!).

6. Die Form auf einen Kuchenrost setzen. Den Kuchen in der Form erkalten lassen. Dann aus der Form lösen, nach Belieben mit Puderzucker bestäubt anrichten.

TIPP:
Anstelle der frischen Beeren können Sie auch einen TK-Beerenmix verwenden. Wälzen Sie die Beeren in Mehl und streuen Sie sie lose auf den Teig. Vermeiden Sie dabei größere Anhäufungen, da ansonsten zu viel Flüssigkeit austritt.

TORTEN & TARTES

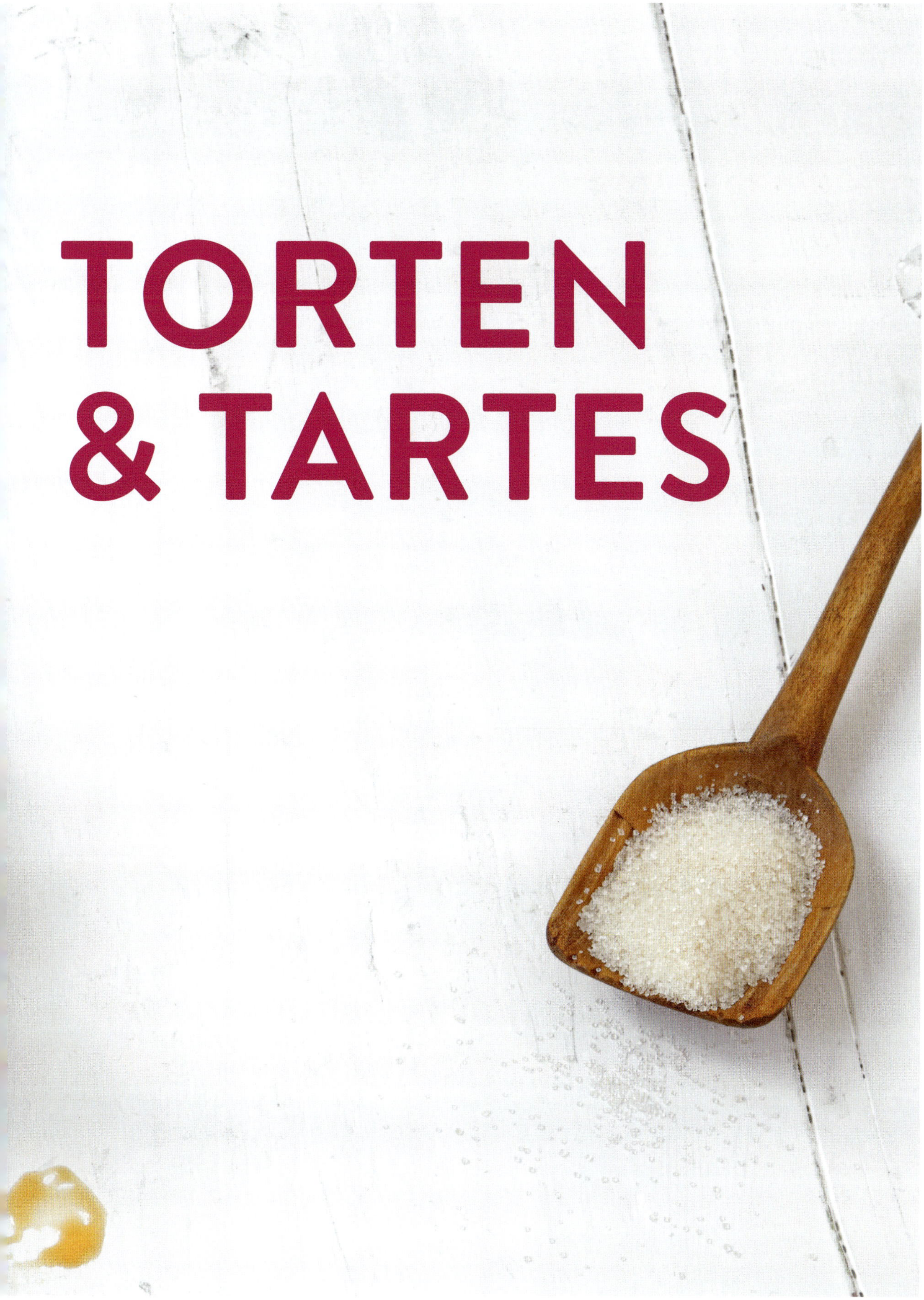

APRIKOSEN-ROTWEIN-TARTE

MIT ALKOHOL

ZUBEREITUNGSZEIT:
30 Minuten, ohne Abkühlzeit

BACKZEIT:
40–50 Minuten

ZUTATEN FÜR 12 STÜCKE (1 TASSE = 200 ML)

ZUM VORBEREITEN:
1 Dose (480 g) abgetropfte Aprikosenhälften
2 EL brauner Zucker

FÜR DEN SCHÜTTELTEIG:
1 Tasse (150 g) Weizenmehl
2 gestr. TL Backpulver
½ Tasse (70 g) gehackte Mandeln
3 EL Schokoblättchen
½ Tasse (70 g) Rosinen
½ Tasse (100 g) brauner Zucker
1 Pck. Bourbon-Vanille-Zucker
2 Eier (Größe M)
5 EL Speiseöl
½ Tasse Rotwein

PRO STÜCK:
E: 4 g, F: 9 g, Kh: 35 g, kcal: 243

1. Zum Vorbereiten Aprikosenhälften je nach Größe halbieren oder in Spalten schneiden. Den Boden einer Tarteform (Ø 28 cm, gefettet, Boden mit Backpapier belegt) mit braunem Zucker bestreuen und die Aprikosenspalten darauf verteilen.

2. Den Backofen mit Rost vorheizen.
Ober-/Unterhitze: etwa 200 °C
Heißluft: etwa 180 °C

3. Für den Teig Mehl mit Backpulver in einer verschließbaren Schüssel (etwa 3-Liter-Inhalt) mischen. Mandeln, Schokoblättchen, Rosinen, braunen Zucker, Vanille-Zucker, Eier, Speiseöl und Rotwein hinzufügen. Die Schüssel mit dem Deckel fest verschließen.

4. Schüssel mehrmals (insgesamt 15–30 Sekunden) kräftig schütteln, sodass alle Zutaten gut vermischt sind. Alles mit einem Schneebesen oder Rührlöffel nochmals sorgfältig durchrühren, damit trockene Zutaten vom Rand und Deckel mit untergerührt werden.

5. Den Teig in die vorbereitete Form geben und auf den Aprikosenspalten verteilen. Die Form auf dem vorgeheizten Rost in den vorgeheizten Backofen schieben. Die Tarte **40–45 Minuten backen.**

6. Die Form auf einen Kuchenrost stellen. Den Kuchen etwa 15 Minuten in der Form abkühlen lassen, dann aus der Form auf einen Kuchenrost stürzen. Mitgebackenes Backpapier vorsichtig abziehen und die Tarte erkalten lassen.

BECHERTORTE MIT ZITRONENSAHNE UND BEEREN

ZUBEREITUNGSZEIT:
25 Minuten, ohne Kühlzeit

BACKZEIT:
15–18 Minuten

ZUTATEN FÜR 12 STÜCKE

ZUM VORBEREITEN:
2 Becher Schlagsahne (je 250 g)

FÜR DEN BISKUITBODEN:
3 Eier (Größe M)
1 Prise Salz
¾ Becher (125 g) Zucker
1 knapp gefüllter Becher (125 g) Weizenmehl
½ gestr. TL Backpulver

FÜR DEN BELAG
abger. Schale und Saft von 1 Bio-Zitrone (unbehandelt, ungewachst)
¼ Becher (25 g) Puderzucker
½ Becher (150 g) Speisequark (40 % Fett)
1 Pck. Sofort-Gelatinepulver (für 250 g Schlagsahne, mind. 30 % Fett)
1–1 ½ Schalen (500–750 g) Erdbeeren

PRO STÜCK:
E: 5 g, F: 16 g, Kh: 18 g, kcal: 236

1. Den Backofen vorheizen.
Ober-/Unterhitze: etwa 180 °C
Heißluft: etwa 160 °C

2. Sahne aus den Bechern in einen hohen Rührbecher geben. Einen Sahnebecher auswaschen und abtrocknen. Becher zum Abmessen verwenden.

3. Für den Teig Eier in einer Rührschüssel mit dem Mixer (Rührstäbe) auf höchster Stufe in 1 Minute schaumig schlagen, Salz hinzugeben. Zucker unter Rühren in 1 Minute einstreuen, dann in 4–5 Minuten dickcremig aufschlagen. Mehl mit Backpulver mischen und kurz auf niedrigster Stufe unterrühren.

4. Den Teig in eine Springform (Ø 26 cm, mit Backpapier belegt) geben und glatt streichen. Die Form auf dem Rost in den vorgeheizten Backofen schieben. Den Biskuitboden in **15–18 Minuten goldbraun backen.**

5. Die Form auf einen Kuchenrost setzen. Den Biskuitboden in der Form erkalten lassen.

6. Für den Belag Zitrone heiß abwaschen, abtrocknen und die Schale fein abreiben. Zitrone halbieren, den Saft auspressen und 3 Esslöffel Saft abmessen. Zitronenschale, abgemessenen Zitronensaft, Puderzucker und Quark glatt verrühren. Sahne steif schlagen, dabei Gelatinepulver nach und nach einrieseln lassen. Sahne unter den Quark heben.

7. Den Biskuitboden aus der Form lösen und auf eine Tortenplatte setzen. Einen Tortenring darumlegen. Zitronensahne darauf verteilen.

8. Erdbeeren abspülen, abtropfen lassen, putzen und evtl. klein schneiden. Erdbeeren auf der Torte verteilen. Die Torte vor dem Servieren etwa 2 Stunden in den Kühlschrank stellen. Tortenring lösen und entfernen.

TIPP:
Für einen feinen Glanz die Erdbeerhaube mit Konfitüre überziehen. Dazu 4–5 Esslöffel Erdbeerkonfitüre durch ein feines Sieb streichen und in einem Topf unter Rühren erwärmen, bis sie flüssig wird. Mit einem Backpinsel auf den Erdbeeren verteilen. Konfitüre fest werden lassen.

ERDBEER-WAFFELTORTE

ZUBEREITUNGSZEIT:
35 Minuten, ohne Kühlzeit

BACKZEIT:
etwa 4 Minuten je Waffel

ZUTATEN FÜR 5 STÜCKE

ZUM VORBEREITEN:
2 Becher (je 250 g) Schmand (Sauerrahm)

FÜR DEN TEIG:
2 Eier (Größe M)
¼ Becher (50 g) Zucker
1 Pck. Bourbon-Vanille-Zucker
¼ (60 ml) Milch (3,5 % Fett)
½ Becher (125 g) Schmand (Sauerrahm, zimmerwarm)
1 knapp gefüllter Becher (150 g) Weizenmehl
1 gestr. TL Backpulver

FÜR DIE FÜLLUNG:
1 Schale (500 g) kleine Erdbeeren
375 g Schmand (Sauerrahm)
4 EL Zitronensaft
⅓ Becher (65 g) Puderzucker
3 Pck. Sahnesteif
1 ½ Becher (300 g) Schlagsahne (mind. 30 % Fett)

PRO STÜCK:
E: 14 g, F: 62 g, Kh: 68 g, kcal: 882

1. Zum Vorbereiten ½ Becher (125 g) Schmand in eine Rührschüssel geben. Restlichen Schmand in eine weitere Schüssel geben und beiseitestellen. Einen Becher auswaschen, abtrocknen und zum Abmessen verwenden.

2. Ein Waffeleisen für Herzwaffeln erhitzen.

3. Für den Teig Eier, Zucker und Vanille-Zucker und Milch zum Schmand in die Rührschüssel geben und glatt verrühren. Mehl mit Backpulver mischen und unterrühren.

4. Das erhitzte Waffeleisen mit Pflanzenöl bestreichen. Aus dem Teig nach und nach 4 goldbraune Waffeln backen. Dafür jeweils 2–3 Esslöffel Teig in das Waffeleisen geben und leicht verstreichen. Die gebackenen Waffeln auf einem Kuchenrost erkalten lassen.

5. Erdbeeren abspülen, abtropfen lassen, putzen und entstielen. Erdbeeren kleiner schneiden. 3–4 Esslöffel Erdbeeren beiseitestellen und zugedeckt in den Kühlschrank stellen. Restlichen Schmand (375 g) mit Zitronensaft und Puderzucker mit einem Mixer (Rührstäbe) glatt verrühren, dabei 1 Päckchen Sahnesteif einrieseln lassen.

6. Sahne steif schlagen, dabei restliche Sahnesteifpäckchen nach und nach einrieseln lassen. Sahne portionsweise unter die Schmandcreme heben.

7. Eine Waffel auf einen Servierteller legen, einen Tortenring darumstellen, ggf. fixieren, damit der Ring sich nicht öffnet. Etwa 4 Esslöffel Creme auf der Waffel verstreichen, mit Erdbeeren belegen. Weitere 2 Waffeln, restliche Erdbeeren und Creme in den Tortenring schichten. Dabei mit einer Cremeschicht enden. Waffeltörtchen zugedeckt etwa 2 Stunden in den Kühlschrank stellen.

7. Zum Servieren die restliche Waffel in Herzstücke teilen. Tortenring lösen und entfernen. Das Törtchen mit Waffelherzen und beiseitegestellten Erdbeeren garniert anrichten.

FRANZÖSISCHE APFEL-STREUSEL-TORTE

ZUBEREITUNGSZEIT:
35 Minuten, ohne Abkühlzeit

BACKZEIT:
etwa 50 Minuten

ZUTATEN FÜR 16 STÜCKE

ZUM VORBEREITEN:
2 Becher (je 150 g) Crème fraîche

FÜR DEN TEIG:
3 Becher (300 g) Weizenmehl
1 ½ gestr. TL Backpulver
¾ Becher (100 g) Zucker
1 große Prise Salz
1 Pck. Vanillin-Zucker
½ Pck. (125 g) kalte Butter
½ Becher (75 g) Crème fraîche

FÜR DEN BELAG
4–5 (800 g) säuerliche Äpfel
(z. B. Boskop)
Saft von 1 Zitrone
1 ½ Becher (225 g) Crème fraîche
1 TL ger. Bio-Zitronenschale
(unbehandelt, ungewachst)
2 Eier (Größe M)
4 EL Zucker

PRO STÜCK:
E: 4 g, F: 18 g, Kh: 31 g, kcal: 305

1. Zum Vorbereiten 1 ½ Becher Crème fraîche in eine Schüssel geben und beiseitestellen. Den leeren Becher auswaschen und abtrocknen. Becher zum Abmessen verwenden.

2. Für den Teig Mehl und Backpulver in einer Rührschüssel mischen. Zucker, Salz, Vanillin-Zucker, Butter in Stückchen und ½ Becher Crème fraîche hinzugeben. Die Zutaten mit einem Mixer (Knethaken) zunächst kurz auf niedrigster, dann auf mittlerer Stufe kurz zu Streuseln verarbeiten. Teigstreusel etwa 20 Minuten in den Kühlschrank stellen.

3. In der Zwischenzeit für den Belag Äpfel schälen, vierteln, entkernen und in feine Würfel schneiden. Apfelwürfel mit Zitronensaft mischen. Crème fraîche mit Zitronenschale, Eiern und Zucker verrühren.

4. Etwa ⅓ der kalt gestellten Streusel in eine Spring- (Ø 26 cm) oder Tarteform (Ø 26–28 cm, gefettet oder mit Backpapier belegt) geben und mit den Händen leicht zu einem Boden andrücken. Apfelwürfel darauf verteilen und mit der Crème fraîche-Eier-Creme übergießen. Die restlichen Streusel darauf verteilen.

5. Die Form auf dem Rost in den vorgeheizten Backofen schieben. Den Kuchen in **etwa 50 Minuten goldbraun und knusprig backen.**

6. Die Form auf einen Kuchenrost setzen. Den Kuchen in der Form erkalten lassen.

GIN-LEMON-TÖRTCHEN

MIT ALKOHOL

ZUBEREITUNGSZEIT:
30 Minuten, ohne Abkühlzeit

BACKZEIT:
12–15 Minuten

ZUTATEN FÜR 16 STÜCKE

ZUM VORBEREITEN:
2 Becher (je 200 g) Schlagsahne (mind. 30 % Fett)

FÜR DEN BISKUITTEIG:
4 Eier (Größe M)
¾ Becher (150 g) Zucker
1 Pck. Vanillin-Zucker, 1 Prise Salz
1 knapp gefüllter Becher (125 g) Weizenmehl
1 gestr. TL Backpulver

FÜR DEN BELAG:
2 Beutel Götterspeisepulver (Himbeer-Geschmack, für 500 ml Flüssigkeit)
1 Pck. Gelatinefix
¾ Becher (175 ml) Wasser
½ Becher (100 ml) Zitronensaft
¾ Becher (150 g) Zucker
1 Dose (330 ml) Gin-Tonic-Mixgetränk
400 g Schlagsahne (mind. 30 % Fett)

PRO STÜCK:
E: 5 g, F: 17 g, Kh: 30 g, kcal: 298

1. Den Backofen vorheizen.
Ober-/Unterhitze: etwa 200 °C
Heißluft: etwa 180 °C

2. Zum Vorbereiten Sahne in einen hohen Rührbecher geben. Einen Becher auswaschen und abtrocknen. Sahnebecher zum Abmessen verwenden. Sahne kalt stellen.

3. Für den Teig Eier mit einem Mixer (Rührstäbe) auf höchster Stufe in 1 Minute schaumig schlagen, Zucker, Vanillin-Zucker und Salz mischen, in 1 Minute einstreuen, dann noch 4–5 Minuten schlagen. Mehl mit Backpulver mischen, auf die Eiercreme geben und kurz auf niedrigster Stufe unterrühren.

4. Den Teig auf ein Backblech (30 x 40 cm, mit Backpapier belegt) geben und glatt streichen. Das Backblech in den vorgeheizten Backofen schieben. Die Biskuitplatte in **12–15 Minuten goldgelb backen.**

5. Das Backblech auf einen Kuchenrost setzen. Biskuitplatte etwas abkühlen lassen. Dann mit einem weiteren umgedrehten Backblech oder der Fettpfanne des Backofens bedecken und die Biskuitplatte zugedeckt so erkalten lassen.

6. Für den Belag Götterspeisenpulver, Gelatinefix, 175 ml Wasser, Zitronensaft und Zucker in einem kleinen Topf mischen. Unter Rühren erwärmen (nicht kochen!), bis sich Pulver und Zucker gelöst haben. Die Mischung in eine Schüssel füllen und in den Kühlschrank stellen, bis sie etwa handwarm ist. Dann das Mixgetränk vorsichtig unterrühren. Alles wieder in den Kühlschrank stellen, bis die Flüssigkeit anfängt zu gelieren.

7. Die Biskuitplatte vom Backpapier lösen und halbieren. Ränder gerade schneiden. Eine Hälfte auf eine Platte setzen, mit einem Backrahmen umschließen. Sahne steif schlagen. Sahne portionsweise unter die gelierende Flüssigkeit heben. Creme auf den Biskuitboden geben und glatt streichen. Die zweite Biskuitplatte ggf. passend zuschneiden, darauflegen und leicht andrücken. Kuchen zugedeckt mindestens 2 Stunden in den Kühlschrank stellen und die Creme schnittfest werden lassen.

8. Den Backrahmen lösen und entfernen. Den Kuchen in 6–8 cm große Würfel (oder nach Belieben) schneiden. Nach Belieben mit Puderzucker bestäuben und mit Zitronenstückchen oder frischen Himbeeren garniert anrichten.

TIPPS:
Für eine alkoholfreie Variante nur Tonic Water oder Tonic Water mit alkoholfreiem Gin gemischt verwenden.
Mit etwas Puderzucker bestäuben und frischen Himbeeren garnieren.

LIMETTENTARTE

ZUBEREITUNGSZEIT:
60 Minuten, ohne Abkühlzeit

BACKZEIT:
etwa 32 Minuten

ZUTATEN FÜR 16 STÜCKE

ZUM VORBEREITEN:
1 Becher (200 g) Schlagsahne

FÜR DEN TEIG:
2 Becher (250 g) Weizenmehl
1 gestr. TL Backpulver
½ Becher (100 g) Zucker
2 Eier (Größe M)
½ Pck. (125 g) zerlassene abgekühlte Butter oder Margarine

FÜR DEN LIMETTENGUSS:
1 Pck. ungezuckerter Tortenguss, klar
2–3 EL Zucker
1 Pck. Vanillin-Zucker
ger. Schale und Saft von 2 Bio-Limetten

ZUM GARNIEREN:
2 Bio-Limetten
8 EL Zucker
4 EL Wasser
Zitronenmelisseblättchen

ZUSÄTZLICH:
getrocknete Erbsen zum Blindbacken

PRO STÜCK:
E: 3 g, F: 11 g, Kh: 24 g, kcal: 220

1. Die Sahne in eine Schüssel geben und zugedeckt in den Kühlschrank stellen. Den Sahnebecher auswaschen, abtrocknen und anschließend zum Abmessen verwenden.

2. Den Backofen vorheizen
Ober-/Unterhitze: etwa 180 °C
Heißluft: etwa 160 °C

3. Für den Teig Mehl mit Backpulver in einer verschließbaren Schüssel (3-Liter-Inhalt) mischen, Zucker untermischen. Eier und Butter oder Margarine hinzufügen. Die Schüssel mit dem Deckel fest verschließen.

4. Mehrmals (insgesamt 15–30 Sekunden) kräftig schütteln, sodass alle Zutaten gut vermischt sind. Alles mit einem Rührlöffel nochmals sorgfältig durchrühren, damit vor allem trockene Zutaten vom Rand und Deckel mit untergerührt werden.

5. Den Teig mit bemehlten Händen in eine Tarteform (28 cm, gefettet) drücken, dabei die Ränder etwas hochdrücken. Den Teigboden mehrmals mit einer Gabel einstechen. Backpapier auf den Teig legen und mit getrockneten Erbsen beschweren. Die Form auf dem Rost in den vorgeheizten Backofen schieben. Den Boden **etwa 10 Minuten vorbacken (Blindbacken!).**

6. Die Form auf einen Kuchenrost stellen. Backpapier und getrocknete Erbsen entfernen. Die Temperatur auf 165 °C (Heißluft 145 °C) reduzieren. Für den Guss Tortengusspulver mit Zucker, Vanillin-Zucker, Limettenschale und -saft mischen und mit der kalt gestellten Sahne gut verrühren. Den Guss auf dem vorgebackenen Boden verteilen. Die Form wieder auf dem Rost in den heißen Backofen schieben und die Tarte bei gleicher Backofentemperatur in **etwa 20 Minuten fertig backen.**

7. Die Form auf einen Kuchenrost stellen und die Tarte in der Form erkalten lassen.

8. Zum Garnieren die Limette heiß abwaschen, abtrocknen und in schmale Scheiben schneiden. Zucker und Wasser in einem kleinen Topf erhitzen, bis der Zucker gelöst ist. Dann die Limettenscheiben hineingeben und aufkochen lassen. Die Scheiben abtropfen lassen und auf die Tarte legen. Mit abgespülten, trocken getupften Melisseblättchen garnieren.

MASCARPONE-MANGO-TORTE

ZUBEREITUNGSZEIT:
80 Minuten, ohne Kühlzeit

BACKZEIT:
etwa 25 Minuten

ZUTATEN FÜR 12 STÜCKE (1 TASSE = 150 ML)

FÜR DEN BISKUITTEIG:
3 Eier (Größe M)
1 EL heißes Wasser
⅔ Tasse (100 g) Zucker
1 Pck. ger. Zitronenschale
⅓ Tasse (50 ml) Speiseöl
1 Tasse (100 g) Weizenmehl
1 gestr. TL Backpulver
½ Pck. (50 g) abgezogene, gem. Mandeln

FÜR DEN BELAG:
1 Dose (450 g) abgetropfte Mangoscheiben
1 Pck. ungezuckerter Tortenguss
2 gestr. EL Zucker
1 ½ Tassen (225 ml) Saft von den Mangoscheiben
1 EL Zitronensaft
½ Tasse (75 ml) Wasser
4 Blatt weiße Gelatine
1 Pck. (250 g) Mascarpone
5 EL Karamellsirup
1 Becher (200 g) Schlagsahne

ZUM GARNIEREN:
einige Melisseblättchen

PRO STÜCK:
E: 5 g, F: 22 g, Kh: 35 g, kcal: 367

1. Den Backofen vorheizen.
Ober-/Unterhitze: etwa 200 °C
Heißluft: etwa 180 °C

2. Für den Teig Eier und Wasser in einer Rührschüssel mit einem Mixer (Rührstäbe) auf höchster Stufe in 1 Minute schaumig schlagen. Zucker in 1 Minute einstreuen, dann noch etwa 2 Minuten schlagen.

3. Zitronenschale und Speiseöl vorsichtig unterrühren. Mehl mit Backpulver und Mandeln mischen, auf die Eiercreme geben und kurz auf niedrigster Stufe unterrühren.

4. Den Teig in eine Springform (Ø 26 cm, mit Backpapier belegt) geben und glatt streichen. Die Form auf dem Rost in den vorgeheizten Backofen schieben. Den Biskuitboden **etwa 25 Minuten backen.**

5. Die Form auf einen Kuchenrost stellen. Den Biskuitboden etwa 10 Minuten in der Form abkühlen lassen, dann mit einem Messer aus der Form lösen und auf einen mit Backpapier belegten Kuchenrost stürzen. Mitgebackenes Backpapier abziehen. Biskuitboden mindestens 2 Stunden erkalten lassen.

6. Für den Belag von den Mangoscheiben den Saft auffangen und für den Tortenguss und die Creme beiseitestellen. 3 Mangoscheiben zum Garnieren beiseitelegen. Restliche Mangoscheiben fein würfeln.

7. Für den Tortenguss vom Mangosaft 1 Tasse (150 ml) abmessen. Aus Tortengusspulver, Zucker, abgemessenem Mangosaft, Zitronensaft und Wasser einen Guss nach Packungsanleitung zubereiten. Die Mangowürfel unterheben. Etwas abkühlen lassen.

8. Den Tortenboden auf eine Platte legen. Einen Tortenring darumstellen. Die Mangomasse auf dem Tortenboden verteilen und die Torte zugedeckt kalt stellen.

9. Gelatine nach Packungsanleitung einweichen. Gelatine ausdrücken und in einem kleinen Topf bei schwacher Hitze unter Rühren auflösen. Gelatine leicht abkühlen lassen. Vom restlichen Mangosaft 5 Esslöffel abmessen und unterrühren.

10. Mascarpone und Sirup mit dem Mixer (Rührstäbe) cremig aufschlagen. Die Mango-Gelatine-Flüssigkeit unterrühren. Sahne steif schlagen und unterheben.

11. Die Mascarponecreme auf der Mangomasse verteilen und mit einem Esslöffel wellenartig verstreichen. Die Torte etwa 3 Stunden in den Kühlschrank stellen. Den Tortenring lösen und entfernen.

12. Zum Garnieren die beiseitegelegten Mangoscheiben in Spalten schneiden. Die Torte mit den Mangospalten und einigen abgespülten und trocken getupften Melisseblättchen garnieren.

MIDSOMMAR-BEERENTORTE

ZUBEREITUNGSZEIT:
30 Minuten, ohne Kühlzeit

BACKZEIT:
etwa 25 Minuten

ZUTATEN FÜR 16 STÜCKE (1 TASSE = 150 ML)

ZUM VORBEREITEN:
500 g Skyr (fettarmer, proteinreicher Frischkäse)

FÜR DEN TEIG:
30 g Butter
1 Tasse (150 g) Zucker
2 Eier (Größe M)
1 ½ Tassen (100 g) kernige Haferflocken
2 gehäufte EL (50 g) Weizenmehl
2 gestrichene TL Backpulver
1 TL ger. Bio-Zitronenschale

FÜR DEN BELAG:
1 TL Bio-Zitronenschale
3 EL Zitronensaft (frisch gepresst)
¾ Tasse (60–65 g) Puderzucker
500 g Schlagsahne
2 Pck. Sofort-Gelatinepulver (für je 250 ml Flüssigkeit)

ZUSÄTZLICH:
etwa 750 g gemischte küchenfertige Früchte der Saison

PRO STÜCK:
E: 11 g, F: 13 g, Kh: 26 g, kcal: 272

1. Zum Vorbereiten Skyr in ein mit einem Küchenpapier ausgelegtes feines Sieb geben und etwas abtropfen lassen.

2. Für den Teig Butter zerlassen. Zucker in eine Rührschüssel geben. Eier und 2 Esslöffel lauwarmes Wasser hinzugeben. Die Zutaten mit einem Mixer (Rührstäbe) auf höchster Stufe in 2–3 Minuten dickcremig aufschlagen. ½ Tasse (75 g) Skyr und die zerlassene Butter kurz unter die Eiercreme schlagen. Haferflocken mit Mehl, Backpulver und Zitronenschale mischen und unterrühren.

3. Den Backofen vorheizen.
Ober-/Unterhitze: etwa 180 °C
Heißluft: weniger empfehlenswert

4. Den Teig in eine Springform (Ø 26 cm, mit Backpapier belegt) geben und glatt streichen. Die Form auf dem Rost in den vorgeheizten Backofen (untere Einschubleiste) schieben. Den Tortenboden in **etwa 25 Minuten goldbraun backen.**

5. Die Form auf einen Kuchenrost setzen. Den Tortenboden in der Form erkalten lassen.

6. Für den Belag restlichen Skyr mit Zitronenschale, -saft und Puderzucker glatt rühren. Sahne steif schlagen, Sofortgelatinepulver dabei einrieseln lassen. Die Sahne in 2–3 Portionen unter die Skyrmischung heben.

7. Den Tortenboden aus der Form lösen und auf eine Tortenplatte setzen. Einen Tortenring darumlegen. Die Creme auf den Tortenboden streichen und die Torte etwa 1 Stunde zugedeckt in den Kühlschrank stellen.

9. Früchte je nach Sorte verlesen, putzen, abspülen, abtropfen lassen, entstielen, evtl. entsteinen und in Stücke schneiden. Die Torte kurz vor dem Servieren großzügig mit den Früchten belegen. Tortenring lösen und entfernen. Die Torte in Stücke schneiden und anrichten.

TIPP:
Geeignete Früchte zum Garnieren sind Him-, Heidel- und Erdbeeren, rote Johannisbeeren, Melonenfruchtfleisch, Pfirsiche, Nektarinen etc.

PFIRSICH-QUARK-TORTE (BELLINI-TORTE)

MIT ALKOHOL

ZUBEREITUNGSZEIT:
60 Minuten, ohne Kühlzeit

BACKZEIT:
etwa 25 Minuten

ZUTATEN FÜR 12 STÜCKE (1 TASSE = 200 ML)

FÜR DEN RÜHRTEIG:
- ½ Pck. (125 g) Butter (zimmerwarm) oder Margarine
- 1 Tasse (150 g) Zucker
- 1 Pck. Vanillin-Zucker
- 3 Eier (Größe M)
- 2 Tassen (200 g) Weizenmehl
- 2 gestr. TL Backpulver
- 5 EL Milch

FÜR DEN BELAG:
- 8 Blatt weiße Gelatine
- 1 Dose (480 g) abgetropfte Pfirsichhälften
- 4 EL Saft von den Pfirsichhälften
- 1 Pck. (500 g) Magerquark
- ½ Tasse (75 g) Zucker
- 3–4 EL Pfirsichlikör
- Saft von ½ Zitrone
- gut 1 Tasse (125 ml) Prosecco
- 1 Becher (200 g) Schlagsahne

- 2 EL gehobelte Mandeln

PRO STÜCK:
E: 12 g, F: 17 g, Kh: 44 g, kcal: 405

1. Den Backofen vorheizen.
Ober-/Unterhitze: etwa 180 °C
Heißluft: etwa 160 °C

2. Für den Teig Butter oder Margarine mit einem Mixer (Rührstäbe) auf höchster Stufe geschmeidig rühren. Nach und nach Zucker und Vanillin-Zucker unterrühren. So lange rühren, bis eine gebundene Masse entstanden ist.

3. Eier einzeln unterrühren (jedes Ei etwa ½ Minute). Mehl mit Backpulver mischen, abwechselnd portionsweise mit der Milch kurz auf mittlerer Stufe unterrühren.

4. Den Teig in eine Springform (Ø 26 cm, Boden gefettet) geben und glatt streichen. Die Form auf dem Rost in den vorgeheizten Backofen schieben. Den Tortenboden **etwa 25 Minuten backen.**

5. Die Form auf einen Kuchenrost stellen. Den Tortenboden in der Form etwas abkühlen lassen. Dann aus der Form lösen und auf dem Kuchenrost erkalten lassen.

6. Für den Belag Gelatine nach Packungsanleitung einweichen.

7. Von den Pfirsichhälften den Saft auffangen. 2 Pfirsichhälften mit 4 Esslöffeln von dem Saft pürieren. Die restlichen Pfirsichhälften in Spalten schneiden und beiseitelegen.

8. Quark mit Zucker, Likör und Zitronensaft gut verrühren. Prosecco unterrühren. 6 Blatt leicht ausgedrückte Gelatine in einem kleinen Topf bei schwacher Hitze unter Rühren auflösen. 3 Esslöffel der Quarkmasse unterrühren. Dann alles zur restlichen Quarkmasse geben, gut verrühren und kalt stellen.

9. Restliche, leicht ausgedrückte Gelatine wie unter Punkt 7 beschrieben, auflösen. Gelatinelösung mit dem Pfirsichpüree gut verrühren.

10. Wenn die Quarkmasse anfängt zu gelieren, Sahne steif schlagen und unterheben. Pfirsichpüree als Schlieren unter die Quark-Sahne-Masse ziehen.

11. Den Tortenboden auf eine Tortenplatte legen. Einen Tortenring darumstellen. Die beiseitegelegten Pfirsichspalten auf dem Tortenboden verteilen. Die Quark-Pfirsich-Masse daraufgeben und glatt streichen. Die Torte etwa 3 Stunden in den Kühlschrank stellen.

12. Mandeln in einer Pfanne ohne Fett goldbraun rösten, erkalten lassen. Den Tortenring lösen und entfernen. Die Torte mit Mandeln bestreuen.

RHABARBER-HIMBEER-TORTE

ZUBEREITUNGSZEIT:
40 Minuten, ohne Kühlzeit

BACKZEIT:
etwa 40 Minuten

ZUTATEN FÜR 12 STÜCKE (1 TASSE = 150 ML)

FÜR DEN ALL-IN-TEIG:
2 Tassen (200 g) Weizenmehl
1 gestr. TL Backpulver
1 Tasse (150 g) Zucker
1 Pck. Vanillin-Zucker
3 Eier (Größe M)
½ Tasse (75 g) Schlagsahne
½ Tasse (75 ml) Speiseöl

FÜR DEN BELAG:
1 bund (500 g) Rhabarber
½ Pck. (150 g) TK-Himbeeren

FÜR DEN GUSS UND ZUM BESTREUEN:
3 Blatt weiße Gelatine
1 ½ Tassen (225 ml) + 2 EL roter Johannisbeernektar
1 Schale (125 g) frische Himbeeren

PRO STÜCK:
E: 4 g, F: 10 g, Kh: 32 g, kcal: 239

1. Den Backofen vorheizen.
Ober-/Unterhitze: etwa 180 °C
Heißluft: etwa 160 °C

2. Für den Teig Mehl und Backpulver in einer Rührschüssel mischen. Zucker, Vanillin-Zucker, Eier, Sahne und Speiseöl hinzufügen. Die Zutaten mit einem Mixer (Rührstäbe) zunächst kurz auf niedrigster, dann auf höchster Stufe in etwa 2 Minuten zu einem glatten Teig verarbeiten. Den Teig in eine Springform (Ø 26 cm, gefettet) geben und glatt streichen.

3. Für den Belag Rhabarber abspülen und abtropfen lassen. Stielenden und Blattansätze entfernen, Stangen in etwa 3 cm lange Stücke schneiden. Rhabarberstücke und tiefgekühlte Himbeeren auf dem Teig verteilen. Die Form auf dem Rost in den vorgeheizten Backofen schieben. Den Gebäckboden **etwa 40 Minuten backen.**

4. Die Form auf einen Kuchenrost stellen. Den Kuchen in der Form etwa 10 Minuten abkühlen lassen, dann den Springformrand mit einem Messer lösen und entfernen. Den Gebäckboden auf dem Kuchenrost erkalten lassen.

5. Für den Guss die Gelatine nach Packungsanleitung einweichen. Gelatine leicht ausdrücken, in einem kleinen Topf bei schwacher Hitze unter Rühren auflösen. Den Topf von der Kochstelle nehmen. Nach und nach den Johannisbeernektar unterrühren. Den Guss in den Kühlschrank stellen.

6. Einen Tortenring um den Kuchen stellen. Die Himbeeren verlesen und auf dem Kuchen verteilen. Wenn der Guss zu gelieren beginnt, den Guss auf dem Kuchen verteilen. Den Kuchen in den Kühlschrank stellen und den Guss fest werden lassen. Den Tortenring lösen und entfernen.

TIPP:
Anstelle von Gelatine können Sie auch einen Guss mit ungezuckertem Tortengusspulver zubereiten. Dafür 1 ½ Tassen (225 ml) roten Johannisbeernektar und 2 Esslöffel Wasser mischen. Den Guss mit 1 Päckchen ungezuckertem Tortenguss, klar, 2 Esslöffeln Zucker und der abgemessenen Flüssigkeit nach Packungsanleitung zubereiten und auf dem Kuchen verteilen.

SANDTORTE MIT MOHNCREME

ZUBEREITUNGSZEIT:
70 Minuten, ohne Abkühlzeit

BACKZEIT:
etwa 50 Minuten

ZUTATEN FÜR 12 STÜCKE (1 TASSE = 200 ML)

FÜR DEN RÜHRTEIG:
- 1 Pck. (250 g) Butter oder Margarine (zimmerwarm)
- 1 Tasse (150 g) Zucker
- 1 Pck. Vanillin-Zucker, 1 Prise Salz
- 4 Eier (Größe M)
- 2 ½ Tassen (250 g) Weizenmehl
- 1 gestr. TL Backpulver
- 1 Glas (370 g) Sauerkirschen
- 2 EL Weizenmehl für die Sauerkirschen

FÜR DIE FÜLLUNG:
- 2 ½ Tassen (500 ml) Milch (3,5 % Fett)
- 1 Pck. Pudding-Pulver Vanille-Geschmack
- 3 geh. EL Zucker
- 1 Pck. (250 g) Butter (zimmerwarm)
- 2 EL (20 g) Mohnsamen

ZUM BESTREUEN UND GARNIEREN:
Mohnsamen
Sauerkirschen (aus dem Glas)

PRO STÜCK:
E: 7 g, F: 39 g, Kh: 45 g, kcal: 578

1. Den Backofen vorheizen.
Ober-/Unterhitze: etwa 180 °C
Heißluft: etwa 160 °C

2. Für den Teig Butter oder Margarine mit einem Mixer (Rührstäbe) auf höchster Stufe geschmeidig rühren. Nach und nach Zucker, Vanillin-Zucker und Salz unterrühren. So lange rühren, bis eine gebundene Masse entstanden ist. Eier einzeln unterrühren (jedes Ei etwa ½ Minute).

3. Mehl mit Backpulver mischen und in 2 Portionen kurz auf mittlerer Stufe unterrühren. Sauerkirschen gut abtropfen lassen. 12 Kirschen zum Garnieren beiseitelegen. Restliche Sauerkirschen in Mehl wälzen und unter den Teig heben. Den Teig in eine Springform (Ø 26 cm, Boden gefettet) geben und glatt streichen. Die Form auf dem Rost in den vorgeheizten Backofen schieben. Den Gebäckboden **etwa 50 Minuten backen.**

4. Die Form auf einen Kuchenrost stellen. Den Gebäckboden etwa 10 Minuten in der Form abkühlen lassen, dann aus der Form lösen und auf einem mit Backpapier belegten Kuchenrost erkalten lassen. Gebäckboden einmal waagerecht durchschneiden.

5. Für die Füllung aus Milch, Pudding-Pulver und Zucker einen Pudding nach Packungsanleitung zubereiten und in eine Schüssel füllen. Pudding direkt mit Frischhaltefolie zudecken, damit sich keine Haut bildet, Pudding erkalten lassen.

6. Butter mit dem Mixer (Rührstäbe) geschmeidig rühren. Den erkalteten Pudding esslöffelweise unterrühren. Dabei darauf achten, dass Butter und Pudding Zimmertemperatur haben, da die Creme sonst gerinnt. 6 Esslöffel von der Buttercreme zum Verzieren beiseitestellen (nicht kalt stellen). Den Mohn zu der restlichen Buttercreme geben und unterrühren.

7. Den unteren Gebäckboden auf eine Platte legen. Gut ein Drittel der Mohn-Buttercreme daraufstreichen und mit dem oberen Gebäckboden bedecken. Die Torte ganz mit der restlichen Mohn-Buttercreme bestreichen. Die beiseitegestellte Buttercreme in einen Spritzbeutel mit Sterntülle (Ø 10 mm) füllen und Tupfen auf die Tortenoberfläche spritzen. Die Torte 1–2 Stunden in den Kühlschrank stellen.

8. Die Torte vor dem Servieren mit Mohn bestreuen und mit Sauerkirschen garnieren.

STACHELBEERTARTE

ZUBEREITUNGSZEIT:
30 Minuten, ohne Abkühlzeit

BACKZEIT:
etwa 40 Minuten

ZUTATEN FÜR 12 STÜCKE (1 TASSE = 150 ML)

FÜR DEN RÜHRTEIG:
½ Pck. (125 g) Butter (zimmerwarm) oder Margarine
1 Tasse (150 g) Zucker
1 Prise Salz
1 Pck. Vanillin-Zucker
2 Eier (Größe M)
1 ½ Tassen (150 g) Dinkel-Vollkornmehl
½ gestr. TL Backpulver

390 g abgetropfte Stachelbeeren (aus dem Glas)

ZUM BESTREICHEN:
3 EL Quitten- oder Apfelgelee

PRO STÜCK:
E: 3 g, F: 10 g, Kh: 32 g, kcal: 234

1. Den Backofen vorheizen.
Ober-/Unterhitze: etwa 180 °C
Heißluft: etwa 160 °C

---

2. Für den Teig Butter oder Margarine mit einem Mixer (Rührstäbe) auf höchster Stufe geschmeidig rühren. Nach und nach Zucker, Salz und Vanillin-Zucker unterrühren. So lange rühren, bis eine gebundene Masse entstanden ist. Eier einzeln unterrühren (jedes Ei etwa ½ Minute).

---

3. Mehl mit Backpulver mischen und kurz auf mittlerer Stufe unterrühren. Den Teig in eine Springform (Ø 26 cm, gefettet) geben und glatt streichen. Stachelbeeren auf dem Teig verteilen.

---

4. Die Form auf dem Rost in den vorgeheizten Backofen schieben. Den Kuchen **etwa 40 Minuten backen.**

---

5. Die Form auf einen Kuchenrost stellen. Die Tarte etwas abkühlen lassen.

---

6. Zum Bestreichen Gelee in einem kleinen Topf unter Rühren kurz aufkochen, etwas abkühlen lassen. Die Tarte damit bestreichen und erkalten lassen.

TIPP:
Die Stachelbeertarte mit zartem Zitronenbaiser toppen. Dafür 2 Eiweiß (Größe M) mit 1 Prise Salz in einer Rührschüssel mit einem Mixer (Rührstäbe) auf höchster Stufe zu sehr steifem Eischnee schlagen. Der Schnee muss so fest sein, dass ein Messerschnitt sichtbar bleibt. Nach und nach 100 g Zucker unterschlagen. So lange schlagen, bis der Eischnee stark glänzt. Zuletzt 1-2 Teelöffel geriebene Bio-Zitronenschale unterrühren. Die Baisermasse nach dem Backen auf die Tarte geben, wolkenförmig verstreichen und im Ofen bei gleicher Temperatureinstellung noch etwa 10 Minuten backen.

WALNUSS-TOFFEE-TARTE

ZUBEREITUNGSZEIT:
40 Minuten, ohne Abkühlzeit

BACKZEIT:
etwa 30 Minuten

ZUTATEN FÜR 16 STÜCKE (1 TASSE = 250 ML)

ZUM VORBEREITEN:
½ Pck. (125 g) Schokokaramellbonbons (mit Schokolade überzogen, z. B. von Werther's Original)
1 Tasse (200 g) Walnusskernhälften

FÜR DEN RÜHRTEIG:
½ Pck. (125 g) Butter (zimmerwarm) oder Margarine
½ Tasse (110 g) Zucker
1 Pck. Vanillin-Zucker
2 Eier (Größe M)
1 ½ Tassen (255 g) Weizenmehl
1 gestr. TL Backpulver
5 EL Milch

ZUM BESTREICHEN:
½ Dose (200 g) gezuckerte Kondensmilch

ZUM BESTÄUBEN:
Puderzucker

PRO STÜCK:
E: 6 g, F: 17 g, Kh: 33 g, kcal: 318

1. Den Backofen vorheizen.
Ober-/Unterhitze: etwa 180 °C
Heißluft: etwa 160 °C

2. Zum Vorbereiten die Bonbons mit einem scharfen Messer in dünne Scheiben schneiden. Ein Drittel der Walnusskernhälften fein hacken.

3. Für den Teig Butter oder Margarine mit einem Mixer (Rührstäbe) auf höchster Stufe geschmeidig rühren. Nach und nach Zucker und Vanillin-Zucker unterrühren. So lange rühren, bis eine gebundene Masse entstanden ist.

4. Eier einzeln unterrühren (jedes Ei etwa ½ Minute). Mehl mit Backpulver mischen, abwechselnd in 2 Portionen kurz mit der Milch auf mittlerer Stufe unterrühren. Bonbonscheiben und die gehackten Walnusskernhälften in etwas Mehl wenden und unterheben.

5. Den Teig in eine Tarteform (Ø 28 cm, gefettet) geben und glatt streichen. Die restlichen Walnusskernhälften gleichmäßig auf dem Teig verteilen und andrücken. Kondensmilch gleichmäßig darauf verstreichen. Die Form auf dem Rost in den vorgeheizten Backofen schieben. Die Tarte **etwa 30 Minuten backen.**

6. Die Form auf einen Kuchenrost stellen und den Kuchen erkalten lassen. Mit Puderzucker bestäuben.

TIPPS:
Die Tarte statt mit Walnusskernen mit den noch etwas feineren Pecannüssen zubereiten.
Dazu schmeckt mit etwas Zimtpulver aromatisierte geschlagene Sahne sehr lecker.
Die übrige gezuckerte Kondensmilch in den nächsten Tagen für Müsli oder Porridge verwenden. Dann mit zusätzlichem Zucker sparsam umgehen, die Kondensmilch ist sehr süß.

KLEIN-
GEBÄCK

BANANENWAFFELN MIT SCHOKOLADENSAUCE

ZUBEREITUNGSZEIT:
65 Minuten, ohne Abkühlzeit

ZUTATEN FÜR 7–8 WAFFELN (1 TASSE = 200 ML)

ZUM VORBEREITEN:
1 Banane
1 EL Zitronensaft

FÜR DEN SCHÜTTELTEIG:
1 Tasse (200 g) Weizenmehl
2 gestr. TL Backpulver
¼ Tasse (50 g) gemahlene Haselnusskerne
⅓ Tasse (etwa 66 g) Zucker
1 Pck. Vanillin-Zucker
1 Prise Salz
3 Eier (Größe M)
6 EL Mineralwasser
½ Pck. (125 g) zerlassene, abgekühlte Butter oder Margarine

FÜR DIE SAUCE:
½ Tasse (100 ml) Milch
1 Tafel (100 g) Zartbitterschokolade (etwa 50 % Kakaoanteil)

PRO WAFFEL:
E: 9 g, F: 30 g, Kh: 41 g, kcal: 480

1. Zum Vorbereiten Banane schälen, mit einer Gabel fein zerdrücken und mit Zitronensaft verrühren.

2. Für den Teig Mehl mit Backpulver mischen, in eine verschließbare Schüssel (3-Liter-Inhalt) sieben, mit Haselnusskernen, Zucker, Vanillin-Zucker und Salz mischen. Eier, Mineralwasser und Butter oder Margarine hinzufügen. Schüssel mit dem Deckel fest verschließen.

3. Mehrmals (insgesamt 15–30 Sekunden) kräftig schütteln, so dass alle Zutaten gut vermischt sind. Bananenmus hinzugeben. Alles mit einem Schneebesen oder Rührlöffel nochmals sorgfältig durchrühren, damit vor allem trockene Zutaten vom Rand und Deckel mit untergerührt werden.

4. Den Teig in nicht zu großen Portionen in ein gut erhitztes Waffeleisen (gefettet) füllen. Die Waffeln goldbraun backen und einzeln auf einem Kuchenrost erkalten lassen.

5. Für die Sauce Milch in einem kleinen Topf erhitzen. Schokolade in Stücke brechen und unter Rühren in der Milch schmelzen. Waffeln in die warme Sauce dippen.

TIPPS:
Schneiden Sie zusätzlich 1–2 Bananen in Stücke und spießen Sie sie auf kleine Holzstäbchen. Die Bananenstücke ebenfalls in die Schokoladensauce dippen. Bestäuben Sie die fertigen Waffeln mit Puderzucker.

EARL-GREY-MUFFINS

ZUBEREITUNGSZEIT:
30 Minuten, ohne Abkühlzeit

BACKZEIT:
etwa 25 Minuten

ZUTATEN FÜR 12 STÜCK (1 TASSE = 250 ML)

ZUM VORBEREITEN:
⅓ Tasse (etwa 85 ml) Wasser
2 gestr. EL Earl-Grey-Tee

FÜR DEN RÜHRTEIG:
½ Pck. (125 g) Butter (zimmerwarm) oder Margarine
½ Tasse (110 g) Zucker
1 Pck. Bourbon-Vanille-Zucker
2 Eier (Größe M)
1 Tasse (170 g) Weizenmehl
2 TL Backpulver

FÜR DEN BELAG:
2 Eiweiß (Größe M)
¼ Tasse (55 g) Zucker
½ Tasse (50 g) abgezogene, gem. Mandeln
1 Dose (175 g) abgetropfte Mandarinen

ZUM BESTÄUBEN:
Puderzucker

PRO STÜCK:
E: 4 g, F: 12 g, Kh: 29 g, kcal: 252

1. Zum Vorbereiten Wasser zum Kochen bringen und auf den Tee gießen. Den Tee 5 Minuten ziehen lassen, durch ein Sieb gießen, ausdrücken. Tee erkalten lassen.

2. Den Backofen vorheizen.
Ober-/Unterhitze: etwa 180 °C
Heißluft: etwa 160 °C

3. Für den Teig Butter oder Margarine mit einem Mixer (Rührstäbe) auf höchster Stufe geschmeidig rühren. Nach und nach Zucker und Vanille-Zucker unterrühren. So lange rühren, bis eine gebundene Masse entstanden ist.

4. Eier einzeln unterrühren (jedes Ei etwa ½ Minute). Mehl und Backpulver mischen, abwechselnd mit dem Tee kurz auf mittlerer Stufe unterrühren.

5. Den Teig so in einer Muffinform (für 12 Muffins, gefettet, bemehlt) verteilen, dass die Förmchen zur Hälfte gefüllt sind.

6. Mandarinen auf dem Teig verteilen und eindrücken. Die Form auf dem Rost in den vorgeheizten Backofen (unterste Schiene) schieben. Die Muffins **etwa 10 Minuten vorbacken.**

7. Für den Belag Eiweiß sehr steif schlagen, Zucker nach und nach unterschlagen. Mandeln unterheben. Eischnee-Mandel-Masse auf die Muffins streichen. Die Muffins in **etwa 15 Minuten fertig backen.**

8. Die Muffins etwa 10 Minuten in der Form abkühlen lassen. Dann aus der Form lösen und auf einem Kuchenrost erkalten lassen. Muffins mit Puderzucker bestäuben.

ERDNUSS-BANANEN-MUFFINS

ZUBEREITUNGSZEIT:
20 Minuten, ohne Abkühlzeit

BACKZEIT:
etwa 30 Minuten

ZUTATEN FÜR 12 STÜCK (1 TASSE = 150 ML)

FÜR DEN TEIG:
1 große Banane
2 EL Zitronensaft
1 Tasse (160 g) Erdnusscreme
⅓ Tasse (50 g) brauner Zucker
2 Eier (Größe M)
2 ½ Tassen (250 g) Weizenmehl
2 gestr. TL Backpulver
½ gestr. TL Natron
knapp 1 Tasse (125 ml) Speiseöl
knapp 1 Tasse (125 g) Buttermilch

PRO STÜCK:
E: 7 g, F: 20 g, Kh: 23 g, kcal: 293

1. Den Backofen vorheizen.
Ober-/Unterhitze: etwa 180 °C
Heißluft: etwa 160 °C

2. Für den Teig die Banane schälen, in kleine Würfel schneiden oder mit einer Gabel zerdrücken, dann mit Zitronensaft beträufeln.

3. Erdnusscreme, Zucker und Eier mit einem Mixer (Rührstäbe) zu einer geschmeidigen Masse verrühren. Mehl mit Backpulver und Natron mischen und hinzufügen.

4. Speiseöl und Buttermilch hinzugießen und alles schnell zu einem glatten Teig verrühren. Bananenwürfel oder -mus unterrühren.

5. Den Teig in eine Muffinform (für 12 Muffins, gefettet) geben und glatt streichen. Die Form auf dem Rost in den vorgeheizten Backofen schieben. Die Muffins **etwa 30 Minuten backen.**

6. Die Muffins etwa 10 Minuten in der Form stehen lassen, dann aus der Form lösen und auf einem Kuchenrost erkalten lassen.

TIPP:
Die erkalteten Muffins mit einer Schokoglasur bestreichen und mit gehackten Erdnusskernen bestreuen.

GRANATAPFELTALER

ZUBEREITUNGSZEIT:
50 Minuten, ohne Kühlzeit

BACKZEIT:
etwa 20 Minuten

ZUTATEN FÜR 12 STÜCK

ZUM VORBEREITEN:
4 Becher (je 250 g) Sahnequark (40 % Fett i. Tr.)

FÜR DEN RÜHRTEIG:
1 Pck. (250 g) Butter (zimmerwarm) oder Margarine
1 Becher (200 g) Zucker
1 Prise Salz
1 Pck. gem. Safran
4 Eier (Größe M)
2 Becher (300 g) Weizenmehl
3 gestr. TL Backpulver
2 EL Milch

FÜR DEN BELAG:
3 Pck. Dessert-Pulver Quarkfein Vanille-Geschmack
1 Granatapfel
1 EL Grenadinesirup
2 EL Puderzucker

PRO PORTION:
E: 15 g, F: 29 g, Kh: 65 g, kcal: 600

1. Zum Vorbereiten Quark in eine Rührschüssel geben und zugedeckt in den Kühlschrank stellen. Einen Quarkbecher auswaschen, abtrocknen und zum Abmessen verwenden.

2. Den Backofen vorheizen.
Ober-/Unterhitze: etwa 180 °C
Heißluft: etwa 160 °C

3. Für den Teig Butter oder Margarine mit einem Mixer (Rührstäbe) auf höchster Stufe geschmeidig rühren. Nach und nach Zucker, Salz und Safran unterrühren. So lange rühren, bis eine gebundene Masse entstanden ist.

4. Eier einzeln unterrühren (jedes Ei etwa ½ Minute). Mehl und Backpulver mischen, abwechselnd mit der Milch portionsweise auf mittlerer Stufe unterrühren.

5. Den Teig auf ein Backblech (30 x 40 cm, gefettet, mit Backpapier belegt) streichen. Einen Backrahmen darumstellen. Das Backblech in den vorgeheizten Backofen schieben. Die Gebäckplatte **etwa 20 Minuten backen.**

6. Den Backrahmen lösen und entfernen. Die Gebäckplatte auf einen mit Backpapier belegten Kuchenrost stürzen. Gebäckplatte erkalten lassen.

7. Aus der Gebäckplatte mit einem Ausstecher Kreise (Ø etwa 9 cm) ausstechen, diese auf ein Backblech legen. Gebäckreste mit den Händen fein zerbröseln.

8. Für den Belag kalt gestellten Quark und Quarkfein mit dem Mixer (Rührstäbe) auf höchster Stufe zu einer geschmeidigen Masse verrühren. Die Quarkcreme in einen Spritzbeutel mit glatter Tülle (Ø 15 mm) geben. Die Creme auf die Gebäckschnitten spritzen.

9. Gebäckbrösel auf einen Teller geben. Gebäckschnitten nacheinander in die Brösel setzen. Die Brösel an die Quarkränder drücken. Gebäckschnitten etwa 1 Stunde in den Kühlschrank stellen.

10. Den Granatapfel halbieren und die Kerne herauslösen.

11. Für den Guss Grenadinesirup und Puderzucker gut verühren. Die Gebäckschnitten mit Granatapfelkernen bestreuen und mit dem Guss beträufeln.

TIPP:
Den Safran durch gemahlenen Zimt oder Ingwer ersetzen.

HERBE NOUGAT-MUFFINS

ZUBEREITUNGSZEIT:
30 Minuten, ohne Abkühlzeit

BACKZEIT:
etwa 25 Minuten

ZUTATEN FÜR 12 STÜCK (1 TASSE = 250 ML)

ZUM VORBEREITEN:
10 Haselnussschnitten (z. B. Hanuta®, etwa 200 g)
½ Pck. (125 g) Butter

FÜR DEN TEIG:
1 Tasse (170 g) Weizenmehl
2 gestr. TL Backpulver
½ Tasse (120 g) Zucker
1 Pck. Vanillin-Zucker
3 Eier (Größe M)
4 EL Schlagsahne

FÜR DEN BELAG:
3 EL gehobelte Haselnusskerne
½ Tafel (50 g) Zartbitter-Schokolade (etwa 50 % Kakaoanteil)
½ Tafel (50 g) Vollmilch-Schokolade
3–4 EL Trockenfrüchte, z. B. Preiselbeeren, Ananas oder Süßkirschen

PRO STÜCK:
E: 6 g, F: 21 g, Kh: 36 g, kcal: 353

1. Den Backofen vorheizen.
Ober-/Unterhitze: etwa 180 °C
Heißluft: etwa 160 °C

2. Zum Vorbereiten Haselnussschnitten so teilen, dass Waffeln und Creme getrennt sind. Die Hälfte der Waffeln in einen Gefrierbeutel geben, den Beutel fest verschließen. Waffeln mit einer Teigrolle fein zerbröseln. Brösel beiseitestellen.

3. Die Haselnusscreme mit der Butter in einem kleinen Topf bei schwacher Hitze unter Rühren schmelzen. Masse lauwarm abkühlen lassen.

4. Für den Teig Mehl mit Backpulver mischen und in eine Schüssel geben, mit Zucker und Vanillin-Zucker mischen. Eier, Sahne und die Haselnusscrememasse hinzufügen.

5. Die Zutaten mit einem Schneebesen oder Rührlöffel sorgfältig durchrühren, sodass alles gut vermischt ist.

6. Die beiseitegestellten Waffelbrösel in einer Muffinform (für 12 Muffins, mit Papierbackförmchen ausgelegt) verteilen, den Teig daraufgeben und glatt streichen. Die Form auf dem Rost in den vorgeheizten Backofen schieben. Die Muffins **etwa 25 Minuten backen.**

7. Die Form auf einen Kuchenrost stellen. Die Muffins etwa 10 Minuten in der Form abkühlen lassen, dann aus der Form heben und auf dem Kuchenrost erkalten lassen.

8. Für den Belag Haselnusskerne in einer Pfanne ohne Fett unter Rühren goldbraun rösten, auf einen Teller geben und abkühlen lassen. Beide Schokoladensorten in Stücke brechen und in einem kleinen Topf im Wasserbad bei schwacher Hitze unter Rühren schmelzen. Trockenfrüchte fein hacken oder klein schneiden. Die restlichen Waffeln grob zerkleinern. Haselnusskerne, Waffelstückchen und Früchte zur Schokoladenmasse geben. Die Schokoladen-Nuss-Masse mit zwei Löffeln auf den Muffins verteilen und fest werden lassen.

KIRSCH-MARZIPAN-SCHNECKEN

ZUBEREITUNGSZEIT:
25 Minuten, ohne Abkühlzeit

BACKZEIT:
etwa 55 Minuten

ZUTATEN FÜR 16 STÜCKE

ZUM VORBEREITEN:
(1 TASSE = 150 ML)

FÜR DEN QUARK-ÖL-TEIG:
3 Tassen (300 g) Weizenmehl
1 Pck. Backpulver
1 Tasse (150 g) Magerquark
½ Tasse (75 ml) Milch (3,5 % Fett)
½ Tasse (75 ml) Speiseöl
½ Tasse (75 g) Zucker
1 Pck. Vanillin-Zucker
1 Prise Salz

FÜR DEN BELAG:
½ Pck. (100 g) Marzipan-Rohmasse
400 g entsteinte Sauerkirschen (frisch, TK; angetaut oder aus dem Glas; abgetropft)
½ Glas (225 g) Sauerkirsch-konfitüre

ZUSÄTZLICH:
2 EL Hagelzucker
4 EL gestiftelte Mandeln

PRO STÜCK:
E: 5 g, F: 8 g, Kh: 36 g, kcal: 246

1. Den Backofen vorheizen.
Ober-/Unterhitze: etwa 180 °C
Heißluft: etwa 160 °C

2. Mehl und Backpulver in einer Rührschüssel mischen. Quark, Milch, Speiseöl, Zucker, Vanillin-Zucker und Salz hinzufügen. Die Zutaten mit einem Mixer (Knethaken) zunächst kurz auf niedrigster, dann auf höchster Stufe in etwa 1 Minute zu einem Teig verarbeiten (nicht zu lange kneten, Teig klebt sonst!).

3. Den Teig auf einer leicht bemehlten Arbeitsfläche mit den Händen kurz durchkneten. Dann gleichmäßig zu einem Rechteck (etwa 30 x 40 cm) ausrollen.

4. Für den Belag Marzipan fein zerzupfen und auf dem Teig verteilen. Kirschen und Konfitüre mischen und ebenfalls gleichmäßig auf den Teig geben, dabei rundherum einen etwa 4 cm breiten Rand frei lassen.

5. Die Teigplatte von der langen Seite aus aufrollen, in etwa 6 cm breite Scheiben schneiden. Scheiben mit den Schnittflächen nach oben dicht an dicht in eine Springform (Ø 26 cm, gefettet, mit Backpapier belegt) setzen und mit Hagelzucker und Mandeln bestreuen.

6. Die Form auf dem Rost in den vorgeheizten Backofen schieben. Den Schneckenkuchen in **etwa 55 Minuten goldbraun backen.**

7. Die Form auf einen Kuchenrost setzen. Den Kuchen in der Form erkalten lassen. Dann aus der Form lösen, in Stücke schneiden und anrichten.

KNUSPER-WHISKY-MUFFINS

MIT ALKOHOL

ZUBEREITUNGSZEIT:
60 Minuten, ohne Abkühlzeit

BACKZEIT:
etwa 30 Minuten

ZUTATEN FÜR 18 MUFFINS (1 TASSE = 250 ML)

FÜR DEN SCHÜTTELTEIG:
1 ½ Tassen (255 g) Weizenmehl
3 gestr. TL Backpulver
1 Tasse (220 g) Zucker
1 Pck. Vanilin-Zucker
2 Eier (Größe M)
1 Tasse (250 g) Buttermilch
4 EL Scotch-Whisky
½ Pck. (125 g) zerlassene, abgekühlte Butter oder Margarine
1 Pck. Schoko-Toffees (100 g, z. B. von Werther's Original)

ZUM BESTÄUBEN:
2 EL Puderzucker

PRO STÜCK:
E: 3 g, F: 7 g, Kh: 29 g, kcal: 207

1. Den Backofen vorheizen.
Ober-/Unterhitze: etwa 180 °C
Heißluft: etwa 160 °C

2. Für den Teig Mehl mit Backpulver in eine verschließbare Schüssel (3-Liter-Inhalt) geben, mit Zucker und Vanillin-Zucker mischen. Eier, Buttermilch, Whisky und Butter oder Margarine hinzufügen. Schüssel mit dem Deckel fest verschließen.

3. Mehrmals (insgesamt 15–30 Sekunden) kräftig schütteln, sodass alle Zutaten gut vermischt sind. Karamell-Kugeln hinzugeben. Alles mit einem Schneebesen oder Rührlöffel nochmals sorgfältig durchrühren, damit vor allem trockene Zutaten vom Rand und Deckel mit untergerührt werden.

4. Den Teig in eine große und eine kleine Muffinform (große Muffinform für 12 Muffins, kleine Muffinform für 6 Muffins, mit Papierbackförmchen ausgelegt) füllen. Die Formen auf dem Rost in den vorgeheizten Backofen schieben. Die Mufffins **etwa 30 Minuten backen.**

4. Die Muffins etwa 10 Minuten in den Formen stehen lassen, dann jeweils aus der Form heben und auf einem Kuchenrost erkalten lassen. Muffins mit Puderzucker bestäuben.

TIPPS:
Die Muffins können auch in zweifach ineinander gesteckten Papierbackförmchen gebacken werden.
Anstelle von Karamell-Kugeln kann auch 1 Päckchen (200 g) Rosinen in feiner Vollmilch-Schokolade verwendet werden.

MARZIPAN-WEINTRAUBEN-MUFFINS

ZUBEREITUNGSZEIT:
25 Minuten, ohne Abkühlzeit

BACKZEIT:
etwa 25 Minuten

ZUTATEN FÜR 12 STÜCK (1 TASSE = 200 ML)

FÜR DEN SCHÜTTELTEIG:
½ Pck. (125 g) Butter oder Margarine
2 ½ Tassen (250 g) Weizenmehl
2 gestr. TL Backpulver
½ Tasse (75 g) Zucker
1 Pck. Vanillin-Zucker
3 Eier (Größe M)
¾ Tasse (150 ml) Milch (3,5 % Fett)
½ Pck. (100 g) Marzipan-Rohmasse

FÜR DEN BELAG UND ZUM BESTÄUBEN:
½ Schale (250 g) kernlose grüne oder blaue Weintrauben
2 EL (30 g) Puderzucker

PRO STÜCK:
E: 6 g, F: 14 g, Kh: 32 g, kcal: 287

1. Für den Teig Butter oder Margarine zerlassen und abkühlen lassen.

2. Den Backofen vorheizen.
Ober-/Unterhitze: etwa 200 °C
Heißluft: etwa 180 °C

3. Mehl mit Backpulver in einer verschließbaren Schüssel (3-Liter-Inhalt) mit Zucker und Vanillin-Zucker mischen. Eier, Butter oder Margarine und Milch hinzufügen. Schüssel mit dem Deckel fest verschließen.

4. Schüssel mehrmals (insgesamt 15–30 Sekunden) kräftig schütteln, sodass alle Zutaten gut vermischt sind. Marzipan in sehr kleine Würfel schneiden, in etwas Mehl wälzen und hinzugeben. Alles mit einem Schneebesen oder Rührlöffel nochmals sorgfältig durchrühren, damit trockene Zutaten vom Rand und Deckel mit untergerührt werden.

5. Den Teig in einer Muffinform (für 12 Muffins, gefettet, bemehlt) gleichmäßig verteilen.

6. Für den Belag die Weintrauben abspülen, abtropfen lassen, trocken tupfen und entstielen. Je nach Größe 2–4 Weintrauben in den Teig drücken. Die Form auf dem Rost in den vorgeheizten Backofen schieben. Die Muffins **etwa 25 Minuten backen.**

7. Die Muffins etwa 5 Minuten in der Form stehen lassen, dann aus der Form lösen und auf einem Kuchenrost erkalten lassen. Muffins mit Puderzucker bestäuben.

MINI-MOKKA-AMERIKANER

ZUBEREITUNGSZEIT:
65 Minuten, ohne Abkühlzeit

BACKZEIT:
etwa 20 Minuten je Backblech

ZUTATEN FÜR 16–18 STÜCK (1 TASSE = 150 ML)

FÜR DEN RÜHRTEIG:
2 ½ Tassen (250 g) Weizenmehl
½ Tasse (50 g) Speisestärke
3 gestr. TL Backpulver
2 TL gesiebtes Kakaopulver
½ Pck. (125 g) Butter (zimmerwarm) oder Margarine
½ Tasse (75 g) Zucker
1 Pck. Vanillin-Zucker
1 Prise Salz
2 Eier (Größe M)
5 EL Milch
2 TL lösliches Espressopulver

FÜR DEN GUSS:
1 Tafel (100 g) Zartbitter-Schokolade
1 TL lösliches Espressopulver
1 Tafel (100 g) weiße Schokolade

PRO STÜCK:
E: 4 g, F: 12 g, Kh: 26 g, kcal: 234

1. Den Backofen vorheizen.
Ober-/Unterhitze: etwa 180 °C
Heißluft: etwa 160 °C

2. Für den Teig Mehl, Speisestärke und Backpulver in einer Rührschüssel vermischen.

3. Butter oder Margarine mit einem Mixer (Rührstäbe) auf höchster Stufe geschmeidig rühren. Nach und nach Zucker, Vanillin-Zucker und Salz unterrühren. So lange rühren, bis eine gebundene Masse entstanden ist.

4. Eier einzeln unterrühren (jedes Ei etwa ½ Minute). Milch und Espressopulver verrühren. Mehlgemisch in 2 Portionen abwechselnd mit der Espresso-Milch kurz auf mittlerer Stufe unterrühren.

5. Von dem Teig mit zwei Esslöffeln Häufchen abstechen und nicht zu dicht zueinander (Teig läuft breit) auf Backbleche (Ecken und Mitte gefettet, mit Backpapier belegt) setzen. Die Backbleche nacheinander (bei Heißluft zusammen) in den vorgeheizten Backofen schieben. Die Amerikaner **etwa 20 Minuten je Backblech backen.**

6. Die Amerikaner mit dem Backpapier von den Backblechen auf Kuchenroste ziehen. Amerikaner erkalten lassen.

7. Für den Guss Zartbitter-Schokolade in Stücke brechen, mit Espressopulver in einer Schüssel im Wasserbad bei schwacher Hitze unter Rühren schmelzen. Weiße Schokolade ebenso schmelzen.

8. Die Hälfte der Amerikaner mit weißer Schokolade, die andere Hälfte mit der Mokka-Schokolade bestreichen. Auf die „weißen“ Amerikaner einen Klecks dunkle Schokolade und auf die dunklen einen Klecks weiße Schokolade geben. Schokolade mit einem Holzstäbchen ineinanderziehen und den Guss fest werden lassen.

TIPP:
Bei Bedarf können Sie das Espressopulver ersatzlos streichen.

MUFFINS MIT FRUCHTQUARK

ZUBEREITUNGSZEIT:
20 Minuten, ohne Abkühlzeit

BACKZEIT:
20–25 Minuten

ZUTATEN FÜR 12 STÜCK (1 TASSE = 150 ML)

FÜR DEN ALL-IN-TEIG:
½ Tasse (50 g) Weizenmehl
½ Pck. (50 g) abgezogene, gem. Mandeln
½ gestr. TL Backpulver
½ Tasse (75 g) Zucker
1 Prise Salz
1 Ei (Größe M)
1 Eigelb (Größe M)
¼ Pck. (60 g) Butter (zimmerwarm) oder Margarine

FÜR DEN BELAG:
1 Eiweiß (Größe M)
2 Pck. (400 g) Fruchtquark, z. B. Aprikose (20 % Fett)
2 gestr. EL Zucker
1 gestr. EL Hartweizengrieß

ZUM GARNIEREN:
3 EL rote Konfitüre, z. B. Sauerkirschkonfitüre
etwas Vollmilch-Schokolade
einige Minzeblättchen

PRO STÜCK:
E: 4 g, F: 9 g, Kh: 23 g, kcal: 192

1. Den Backofen vorheizen.
Ober-/Unterhitze: etwa 200 °C
Heißluft: etwa 180 °C

2. Für den Teig Mehl mit Mandeln und Backpulver in einer Rührschüssel mischen. Zucker, Salz, Ei, Eigelb und Butter oder Margarine hinzufügen.

3. Die Zutaten mit einem Mixer (Rührstäbe) zunächst kurz auf niedrigster, dann auf höchster Stufe in etwa 2 Minuten zu einem glatten Teig verarbeiten. Den Teig in eine Muffinform (für 12 Muffins, gefettet, bemehlt) geben und glatt streichen. Die Form auf dem Rost in den vorgeheizten Backofen schieben. Die Muffins **etwa 10 Minuten vorbacken.**

4. Für den Belag Eiweiß steif schlagen. Quark, Zucker und Grieß kurz unterrühren.

5. Die Backofentemperatur reduzieren.
Ober-/Unterhitze: etwa 180 °C
Heißluft: etwa 160 °C

6. Die Quarkmasse auf die vorgebackenen Muffins geben und gleichmäßig verstreichen. Die Form wieder auf dem Rost in den heißen Backofen schieben. Die Muffins in weiteren **10–15 Minuten fertig backen.**

7. Die Form auf einen Kuchenrost stellen. Die Muffins etwa 10 Minuten in der Form abkühlen lassen, dann aus der Form lösen (evtl. vorsichtig mit einem Messer herausheben) und auf einem Kuchenrost erkalten lassen.

8. Zum Garnieren auf jeden Muffin vor dem Servieren einen Klecks Konfitüre geben. Von der Vollmilch-Schokolade einige Flocken abhobeln und auf die Muffins geben. Mit abgespülten, trocken getupften Minzeblättchen garnieren.

NOUGAT-BIRNEN-MUFFINS

ZUBEREITUNGSZEIT:
25 Minuten, ohne Abkühlzeit

BACKZEIT:
etwa 25 Minuten

ZUTATEN FÜR 12 STÜCK (1 TASSE = 150 ML)

FÜR DEN RÜHRTEIG:
½ Pck. (100 g) Nuss-Nougat
½ Pck. (125 g) Butter (zimmerwarm) oder Margarine
⅓ Tasse (50 g) Zucker
1 Prise Salz
1 Pck. Vanillin-Zucker
2 Eier (Größe M)
1 ½ Tassen (150 g) Weizenmehl
1 gestr. TL Backpulver
½ Tasse (75 ml) Milch (3,5 % Fett)

FÜR DEN BELAG:
½ Dose (230 g) abgetropfte Birnenhälften

ZUM BESTREICHEN:
3 EL Aprikosenkonfitüre
1 EL Wasser

PRO STÜCK:
E: 3 g, F: 13 g, Kh: 28 g, kcal: 241

1. Den Backofen vorheizen.
Ober-/Unterhitze: etwa 200 °C
Heißluft: etwa 180 °C

2. Für den Teig Nougat in kleine Würfel schneiden.

3. Butter oder Margarine mit einem Mixer (Rührstäbe) auf höchster Stufe geschmeidig rühren. Nach und nach Zucker, Salz und Vanillin-Zucker unterrühren. So lange rühren, bis eine gebundene Masse entstanden ist.

4. Eier einzeln unterrühren (jedes Ei etwa ½ Minute). Mehl mit Backpulver mischen und mit der Milch in 2 Portionen kurz auf mittlerer Stufe unterrühren. Nougatwürfel untermischen. Den Teig in eine Muffinform (für 12 Muffins, gefettet, bemehlt) geben und glatt streichen.

5. Für den Belag die Birnenhälften quer in Scheiben schneiden und auf dem Teig verteilen. Die Form auf dem Rost in den vorgeheizten Backofen schieben. Die Muffins **etwa 25 Minuten backen.**

6. Die Form auf einen Kuchenrost stellen. Die Muffins etwa 10 Minuten in der Form abkühlen lassen, dann aus der Form lösen (evtl. vorsichtig mit einem Messer herausheben) und auf einem Kuchenrost erkalten lassen.

7. Zum Bestreichen Konfitüre und Wasser in einem kleinen Topf unter Rühren aufkochen lassen und auf die Muffins streichen (stückige Konfitüre nach dem Aufkochen durch ein Sieb streichen).

TIPPS:
Wenn Sie keine Muffinform haben, können Sie auch Papierbackförmchen benutzen. Am besten Sie stellen pro Muffin 2 Förmchen ineinander und verteilen sie vor dem Füllen auf einem Backblech. Weiße Förmchen erhalten Sie in den Haushaltswarenabeilungen der Supermärkte. Bunte Förmchen können Sie bei Backartikelversendern im Internet bestellen. Die Förmchen erhalten Sie in Haushaltswarenabteilungen größerer Supermärkte oder in Kaufhäusern, saisonal sogar bei den bekannten Discountern. Ob schlicht weiß, farbig oder gemustert – stellen Sie sich doch einige Exemplare in den Schrank.

ORANGEN-SCHOKO-MUFFINS

ZUBEREITUNGSZEIT:
50 Minuten, ohne Abkühlzeit

BACKZEIT:
etwa 25 Minuten

ZUTATEN FÜR 12 MUFFINS (1 TASSE = 150 ML)

FÜR DIE SCHOKOCREME:
- 1 Becher (250 g) Schlagsahne
- ½ Tafel (50 g) Edelbitter-Schokolade mit Orangenaroma (etwa 70 % Kakaoanteil)

FÜR DEN RÜHRTEIG:
- ½ Tafel (50 g) Edelbitter-Schokolade mit Orangenaroma (etwa 70 % Kakaoanteil)
- ½ Pck. (125 g) Butter (zimmerwarm) oder Margarine
- ⅔ Tasse (100 g) brauner Rohrzucker
- 1 Prise Salz
- 3 Eier (Größe M)
- 1 ½ Tassen (150 g) Weizenmehl
- 1 Msp. Backpulver
- 4 EL Orangensaft

FÜR DIE CREME:
- 2 EL (20 g) Puderzucker

ZUM GARNIEREN:
- 2 kandierte Orangenscheiben

PRO STÜCK:
E: 4 g, F: 17 g, Kh: 24 g, kcal: 267

1. Für die Schokocreme die Sahne erhitzen. Schokolade in Stücke brechen und unter Rühren in der Sahne schmelzen. Die Schoko-Sahne-Masse in eine Rührschüssel geben und zugedeckt mindestens 3 Stunden in den Kühlschrank stellen.

2. Den Backofen vorheizen.
Ober-/Unterhitze: etwa 180 °C
Heißluft: etwa 160 °C

3. Für den Teig die Schokolade in kleine Stücke hacken. Butter oder Margarine mit einem Mixer (Rührstäbe) auf höchster Stufe geschmeidig rühren. Nach und nach braunen Zucker und Salz unterrühren. So lange rühren, bis eine gebundene Masse entstanden ist. Eier einzeln unterrühren (jedes Ei etwa ½ Minute). Mehl mit Backpulver mischen und abwechselnd mit dem Orangensaft in 2 Portionen kurz auf mittlerer Stufe unterrühren. Zuletzt die gehackte Schokolade untermischen.

4. Den Teig in eine Muffinform (für 12 Muffins, gefettet) geben und glatt streichen. Die Form auf dem Rost in den vorgeheizten Backofen schieben. Die Muffins **etwa 25 Minuten backen.**

5. Die Form auf einen Kuchenrost stellen. Die Muffins etwa 10 Minuten in der Form abkühlen lassen, dann aus der Form lösen und auf dem Kuchenrost erkalten lassen.

6. Die kalt gestellte Schoko-Sahne-Masse mit Puderzucker mit dem Mixer (Rührstäbe) auf höchster Stufe cremig schlagen. Jeweils einen Klecks Schokocreme auf die Muffins geben.

7. Zum Garnieren Orangenscheiben in kleine Ecken schneiden. Die Muffins damit garnieren.

TIPP:
Kandierte Orangenscheiben erhalten Sie in den Pralinen- oder Confiserie-Abteilungen der Kaufhäuser. Sie können aber auch die Scheiben von unbehandelten und ungewachsten Bio-Orangen kurz in einem Zuckersirup (1 Teil Wasser, 1 Teil Zucker) kochen, abtropfen lassen und verwenden.

RHABARBER-MUFFINS

ZUBEREITUNGSZEIT:
35 Minuten, ohne Abkühlzeit

BACKZEIT:
etwa 25 Minuten

ZUTATEN FÜR 12 STÜCK (1 TASSE = 200 ML)

ZUM VORBEREITEN:
1 kleiner Bund (300 g) Rhabarber
etwas Wasser

FÜR DEN TEIG:
2 Tassen (je 200 g) Weizenmehl
1 gestr. TL Backpulver
knapp 1 Tasse (125 g) Zucker
1 Pck. Vanillin-Zucker
1 Prise Salz
2 Eier (Größe M)
½ Pck. (125 g) Butter (zimmerwarm) oder Margarine
3 EL Milch (3,5 % Fett)
½ Pck. (50 g) Haselnusskrokant

FÜR DIE VANILLESAUCE:
1 Pck. Dessertsauce, Vanille-Geschmack, zum Kochen
3 EL (30 g) Zucker
2 Tassen (400 ml) Milch
1 Becher (200 g) Schlagsahne (mind. 30 % Fett)

PRO STÜCK:
E: 5 g, F: 17 g, Kh: 33 g, kcal: 314

1. Zum Vorbereiten Rhabarber abspülen, abtropfen lassen, Stielenden und Blattansätze entfernen, Stangen in etwa 2 cm lange Stücke schneiden.

2. Den Backofen vorheizen.
Ober-/Unterhitze: etwa 180 °C
Heißluft: etwa 160 °C

3. Für den Teig Mehl mit Backpulver mischen und in eine Rührschüssel geben. Zucker, Vanillin-Zucker, Salz, Eier, Butter oder Margarine, Milch und Krokant hinzufügen. Die Zutaten mit einem Mixer (Rührstäbe) zunächst kurz auf niedrigster, dann auf höchster Stufe in etwa 2 Minuten zu einem glatten Teig verarbeiten.

4. Den Teig in eine Muffinform (für 12 Muffins, gefettet, bemehlt) geben und glatt streichen. Rhabarberstücke darauf verteilen und leicht andrücken. Die Form auf dem Rost in den vorgeheizten Backofen schieben. Die Muffins **etwa 25 Minuten backen.**

5. Die Form auf einen Kuchenrost stellen. Die Muffins etwa 10 Minuten in der Form abkühlen lassen, dann aus der Form lösen und auf einem Kuchenrost erkalten lassen.

6. Für die Sauce Dessertpulver mit Zucker und Milch, aber nur mit 400 ml Milch, zubereiten und etwas abkühlen lassen. Sahne steif schlagen und unterheben. Die Sauce lauwarm zu den Muffins servieren.

TIPPS:
Zum Verfeinern können Sie noch 2 Esslöffel Orangenlikör oder -saft in den Teig geben.
Verwenden Sie am besten dünne Rhabarberstangen. Diese müssen nicht geschält werden und halten beim Backen besser zusammen.

SCHNELLE ZIMT-BUTTERHÖRNCHEN

ZUBEREITUNGSZEIT:
20 Minuten, ohne Abkühl- und ggf. Ruhezeit

BACKZEIT:
etwa 14 Minuten

ZUTATEN FÜR 12 STÜCKE

ZUM VORBEREITEN:
1 Becher (150 g) Joghurt (3,5 % Fett)

FÜR DEN TEIG:
½ Würfel (21 g) frische Hefe
5 EL (¾ Becher; 90 g) Zucker
½ Pck. (500 g) Weizenmehl (Type 550)
1 Pck. Backpulver
1 Pck. Vanillin-Zucker
1 Eigelb (Größe M)
¾ Becher (75 g) flüssige Butter
¾ Becher (100 ml) Milch)

FÜR DEN BELAG:
½ Pck. (125 g) Butter (zimmerwarm)
1 Pck. Bourbon-Vanille-Zucker
5 EL brauner Zucker
1 TL gem. Zimt

ZUM DEKORIEREN:
1 Eigelb (Größe M)
2 EL Milch (3,5 % Fett)
evtl. Hagelzucker und gehackte Haselnüsse

PRO STÜCK:
E: 7 g, F: 17 g, Kh: 49 g, kcal: 371

1. Den Joghurt in eine Rührschüssel geben. Becher auswaschen und abtrocknen. Mithilfe des Bechers zunächst ggf. Zucker, dann Milch und Butter oder Sonnenblumenöl abmessen.

---

2. Für den Teig Hefe fein zerbröseln, mit Zucker in einer Tasse flüssig verrühren, zugedeckt kurz stehen lassen.

---

3. Mehl und Backpulver in einer Rührschüssel mischen. Angerührte Hefe, Vanillin-Zucker, Eigelb, Butter und Milch hinzugeben. Die Zutaten mit einem Mixer (Knethaken) zunächst kurz auf niedrigster, dann auf höchster Stufe in etwa 5 Minuten zu einem glatten Teig verarbeiten. Den Teig zugedeckt an einem warmen Ort etwa 30 Minuten gehen lassen. Der Teig kann aber auch sofort, ohne Teiggehzeit, weiter verarbeitet werden.

---

4. Den Backofen vorheizen.
Ober-/Unterhitze: etwa 200 °C
Heißluft: etwa 180 °C

---

5. Den Teig auf der leicht bemehlten Arbeitsfläche rund (Ø etwa 35 cm) ausrollen. In 12 Tortenstücke schneiden.

---

6. Für den Belag Butter in 12 Stückchen schneiden. Teigstücke an der breiten Seite mit jeweils einem Butterstück belegen. Vanille-Zucker, Zucker und Zimt mischen und daraufstreuen. Die Teigstücke von der breiten Seite ausrollen und zu Hörnchen formen. Hörnchen mit Abstand zueinander mit der Naht nach unten auf einem Backblech (30 x 40 cm, mit Backpapier belegt) verteilen.

---

7. Zum Bestreichen und Bestreuen Eigelb und Milch verschlagen. Die Hörnchen damit bestreichen. Nach Belieben mit Hagelzucker und gehackte Haselnüsse bestreuen. Das Backblech in den vorgeheizten Backofen schieben. Hörnchen in **etwa 14 Minuten goldbraun backen.**

---

8. Das Backblech auf einen Kuchenrost setzen. Die Hörnchen etwa 10 Minuten abkühlen lassen. Dann vom Backblech nehmen und auf dem Kuchenrost weiter abkühlen lassen. Die Hörnchen schmecken warm am besten.

TASSEN-MUFFINS (MUG CAKES)

ZUBEREITUNGSZEIT:
20 Minuten, ohne Abkühlzeit

BACKZEIT:
etwa 30 Minuten

ZUTATEN FÜR 6 STÜCK (1 TASSE = 150 ML)

FÜR DEN TEIG:
2 Tassen (200 g) Weizenmehl
2 gestr. TL Backpulver
½ Tasse (70 g) Hartweizengrieß
½ Tasse (90 g) Zucker
2 Pck. Vanillin-Zucker
3 Eier (Größe M)
½ Pck. (125 g) zerlassene abgekühlte Butter
4 EL Milch

FÜR DIE FÜLLUNG:
250 g frisches, vorbereitetes Obst, z. B. klein geschnittene Pflaumen, Äpfel, Birnen, Nektarinen, Mangos

etwas Puderzucker

ZUSÄTZLICH:
6 hitzebeständige, ofenfeste Tassen (etwa 150 ml)

PRO STÜCK:
E: 8 g, F: 22 g, Kh: 56 g, kcal: 466

1. Den Backofen vorheizen.
Ober-/Unterhitze: etwa 180 °C
Heißluft: etwa 160 °C

2. Für den Teig Mehl mit Backpulver in einer verschließbaren Schüssel (3-Liter-Inhalt) mischen, Grieß, Zucker und Vanillin-Zucker untermischen. Eier, Butter und Milch hinzufügen. Die Schüssel mit dem Deckel fest verschließen.

3. Mehrmals (insgesamt 15–30 Sekunden) kräftig schütteln, sodass alle Zutaten gut vermischt sind. Alles mit einem Schneebesen oder Rührlöffel sorgfältig durchrühren, damit vor allem trockene Zutaten vom Rand und Deckel mit untergerührt werden.

4. Die Hälfte des Teigs in 10–12 hitzebeständige, ofenfeste Tassen (etwa 150 ml, gefettet) füllen. Das klein geschnittene Obst daraufgeben und den restlichen Teig darauf verteilen. Die Tassen auf dem Rost in den vorgeheizten Backofen schieben. Die Tassen-Muffins **etwa 30 Minuten backen.**

5. Die Tassen auf einen Kuchenrost stellen. Die Tassen-Muffins etwa 10 Minuten in den Tassen abkühlen lassen. Die Muffins nach Belieben jeweils aus der Tasse lösen oder in der Tasse servieren. Vor dem Servieren mit Puderzucker bestäuben.

TIPPS:
Ursprünglich stammt das Trendgebäck aus den USA.
Servieren Sie Vanille-Sauce dazu.

REGISTER

IMPRESSUM

HINTER JEDEM TOLLEN BUCH STECKT EIN STARKES TEAM

Projektleitung: *Karin Boonk*
Redaktion: *Annette Riesenberg*
Lektorat: *Angelika Ilies, Langen*
Rezeptentwicklung: *Susanne Raht, Hamburg*
Nährwertberechnungen: *Nutri Service, Hennef; Angelika Ilies, Langen*
Titelgestaltung, Layout und Satz: *Büro 18, Friedberg/Bayern*
Herstellung: *Frank Jansen*
Producing: *Jan Russok*
Druck & Bindung: *aprinta druck GmbH, Wemding*

UNSER VERLAGSHAUS

Mit Standorten in München, Hamburg und Berlin zählt die Edel Verlagsgruppe zu den größten unabhängigen Buchanbietern Deutschlands. Zur Edel Verlagsgruppe gehört unter anderem ZS mit seinen Lizenzmarken Dr. Oetker Verlag, Kochen & Genießen und Phaidon by ZS.

Die Bücher und E-Books unter der Marke Dr. Oetker Verlag erscheinen als Lizenz in der Edel Verlagsgruppe GmbH
www.oetker-verlag.de
www.facebook.com/Dr.OetkerVerlag
www.instagram.com/Dr.OetkerVerlag

FÜR DIE UMWELT

ZS unterstützt bei der Produktion dieses Buches das Projekt „Junge Riesen für die nächsten 100 Jahre“ im Naturpark Nossentiner/Schwinzer Heide. Damit wird ein Anteil der unvermeidbaren CO_2-Emissionen im direkten Umfeld des Produktionsstandortes kompensiert.

PARTNER Naturpark Nossentiner / Schwinzer Heide
www.optimal-media.com/naturschutzprojekt-001

LIEBE LESERINNEN, LIEBE LESER,

seit 130 Jahren gibt es Dr. Oetker Bücher, viele davon sind seit Jahrzehnten im Programm. Mit jedem Buch, mit jeder Aktualisierung eines unserer Klassiker erfinden wir uns neu. Was bleibt, ist immer der Kern unserer Bücher: praktisch müssen sie sein und funktionieren muss alles. Gerne auch mal den einen oder anderen Kniff anbieten, den Sie vielleicht noch nicht kannten. Deshalb kommen Ihnen die Dr. Oetker Bücher so modern und frisch und doch so vertraut vor.

Viel Spaß und viel Erfolg wünschen wir Ihnen auch mit diesem Buch.
Ihre Dr. Oetker Verlagsredaktion

1. Auflage 2022
© 2022 Edel Verlagsgruppe GmbH
Kaiserstraße 14 b
D-80801 München
ISBN: 978-3-7670-1862-4

BILDNACHWEIS

Titelfoto: StockFood Studios / Julia Skowronek
Coverillustration: © shutterstock / ANNA_KOVA
Foodfotografie:
StockFood Studios / Julia Skowronek
Foodstyling: StockFood Studios / Andrea Schmid
Außer:
Studio Diercks Media GmbH (Silje Paul, Kai Boxhammer), Hamburg: S. 31, 33, 41, 49, 55, 67, 79, 105, 109, 111, 115, 127, 129, 137, 139, 141, 143
Eising Studio Food Photo & Video, München: S. 15
Antje Plewinski, Berlin: S. 65, 121
Anke Politt, Hamburg: S. 71